출근부터 퇴근까지 커리어에 집중하게 해 주는

루틴의 힘 2

출근부터 퇴근까지
커리어에 집중하게 해 주는

루틴의 힘

2

티나 실리그, 조슈아 포어, 스콧 영 외 지음

조슬린 K. 글라이 엮음 | 오일문 옮김

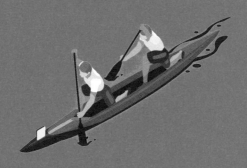

부·키

지은이

스콧 벨스키ㅣ스콧 영ㅣ토니 슈워츠ㅣ조슈아 포어ㅣ하이디 그랜트 할버슨ㅣ테리사 애머빌ㅣ
스티븐 크레이머ㅣ엘라 벤 우르ㅣ슈테펜 랜다우어ㅣ마이클 번게이 스태니어ㅣ서니 베이츠ㅣ
데이비드 버커스ㅣ마크 맥기니스ㅣ칼 뉴포트ㅣ벤 카스노차ㅣ로버트 사피안ㅣ조슬린 K. 글
라이ㅣ마이클 슈월비ㅣ존 캐델ㅣ티나 실리그ㅣ조너선 필즈ㅣ프란스 요한슨ㅣ잭 챙 (이상 원
고 게재 순)

옮긴이 오일문
국어국문학을 전공하고 10여 년간 방송 작가로 일했다. 현재 바른번역 소속 번역가로 활
동 중이다. 세상을 알아 가면서 언어에 오롯이 집중하는 번역에 매력을 느껴 매진하고 있
으며, 원문의 여백과 결을 고스란히 담아내는 번역을 꿈꾼다. 옮긴 책으로 《장래희망은 이
기적인 년》 등이 있다.

루틴의 힘 2

2021년 1월 15일 초판 1쇄 발행   ㅣ   2023년 6월 5일 초판 3쇄 발행

지은이 티나 실리그, 조슈아 포어, 스콧 영 외
엮은이 조슬린 K. 글라이   ㅣ   옮긴이 오일문
펴낸곳 부키(주)   ㅣ   펴낸이 박윤우
등록일 2012년 9월 27일   ㅣ   등록번호 제312-2012-000045호
주소 03785 서울 서대문구 신촌로3길 15 산성빌딩 6층
전화 02)325-0846   ㅣ   팩스 02)3141-4066
홈페이지 www.bookie.co.kr   ㅣ   이메일 webmaster@bookie.co.kr
제작대행 올인피앤비 bobys1@nate.com
ISBN 978-89-6051-831-5 03190

책값은 뒤표지에 있습니다. 잘못된 책은 구입하신 서점에서 바꿔 드립니다.

이 도서의 국립중앙도서관 출판예정도서목록(CIP)은 서지정보유통지원시스템 홈페이지
(http://seoji.nl.go.kr)와 국가자료공동목록시스템(http://www.nl.go.kr/kolisnet)에서 이용하
실 수 있습니다.(CIP제어번호: CIP2020052645)

이 책에 대한 찬사

- 우리의 삶을 맛있게 요리할 수 있는 창의력 레시피가 담긴 책. 경험을 통해 검증된, 매우 현실적인 조언들은 습관의 힘을 활용하고, 작업을 풍성하게 만들며, 의미 있는 관계를 구축하고, 실패의 두려움을 극복하는 방법을 알려 준다.

  _마리아 포포바, 작가 겸 문화 비평가, 혁신 콘텐츠 플랫폼 '브레인피킹스Brain Pickings' 창립자, 《진리의 발견》 저자

- 이 책은 우리가 타고난 재능을 최대한 활용할 수 있도록 도와준다. 열정만으로 성공하기 어려울 때, 이 책은 당신 커리어의 장기적인 목표를 실현할 수 있도록 도와줄 것이다.

  _티나 로스 아이젠버그, 글로벌 콘퍼런스 '크리에이티브모닝스CreativeMornings' 창립자

- 이 책은 무기력에 사로잡힌 사람들을 위한 것이 아니다. 무엇이든 시도하고 기왕이면 잘 해내려는 사람을 위한 책이다. 풍부한 일상 사례와 과학과 심리학을 통해 창의력을 단련하고 싶다면 이 책을 꼭 읽어야 한다.

  _키란 우마패시, 작가 겸 크리에이티브 컨설팅 회사 '홀리데이마티니Holiday Matinee' 창립자

- 현명하게 커리어를 관리할 수 있는 지혜로 가득하다. 또 자신의 역량을 제대로 펼칠 수 있는 무대를 발견하도록 도와준다.

  _셰인 패리시, 비즈니스 콘텐츠 플랫폼 '파르남스트리트Farnam Street' 창립자

최고의 아이디어 플랫폼,
99U에 대하여

발명가 토머스 에디슨이 남긴 "천재는 1퍼센트의 영감과 99퍼센트의 노력으로 이뤄진다"는 명언처럼, 위대한 아이디어를 현실로 이끌기 위해 우리는 행동, 실험, 실패, 적응과 배움을 일상적 루틴의 차원에서 수행해야 한다.

'99U'는 어도비Adobe의 크리에이티브 사이트 '비핸스Behance'의 프로젝트 중 하나로, 영감과 아이디어를 실현하고 창의성과 생산성을 동시에 극대화할 수 있는 효과적인 기술을 소개하는 온라인 매거진이자 싱크 탱크다. 전 세계의 수많은 리더와 창작자가 이 플랫폼을 통해 일상, 업무, 창의력, 리더십, 자기 계발, 시간 관리, 커리어, 혁신 등 다양한 주제에 대한 통찰과 노하우를 공유하고 있다. 99U는 '디지털 문화와 과학을 위한 국제 아카데미'가 매년 뛰어난 웹사이트에게 수여하는 '웨비 상Webby Award'을 2011, 2012년에 연속 수상했다. '인터넷계의 오스카상'이라 불리는 웨비 상을 수상한 다른 플랫폼으로는 구글, 페이스북, 테드TED, 나사NASA, 《뉴요커》, 《뉴욕타임스》, 《내셔널지오그래픽》, 레고, 생로랑 등이 있다.

탁월한 커리어를 위한
최고의 실천 교본

배우 밀턴 버얼Milton Berle은 이렇게 말했다.

"기회가 노크하지 않으면 스스로 문을 만들어라."

자신만의 창의력과 잠재력을 최대한 끌어올리고 싶다면 적극성은 선택이 아닌 필수다. 다행히 우리는 과거 어느 때보다 아이디어를 공유하고, 사람끼리 연결되고, 다양한 진로로 진출하기 유리한 세상에 살고 있다. 바야흐로 '자기 창조'의 시대다.

과거에는 성공이라고 하면 한 회사에서 느리게 성장하는 모습을 떠올렸지만, 이제는 죽을 때까지 평균 11번 직업을 바꾸는 시대다. 지금까지는 창작물을 세상과 공유하려면 중개인에게 의지해야 했지만, 이제는 작품을 창작하는 과정까지도 공유하는 온라인 갤러리가 존재하는 세상이다. 지금까지는 아이디어를 실현하기 위해 소규모 투자자들에게 기댔지만, 이제는 해당 프로젝트로 대중을 설득해 대중에게 투자금을 지원받는다.

기회는 무한하다. 하지만 그만큼의 책임감도 따른다. 커리어를 주도하게 되면 무거운 책임감은 리더십이 되어 돌아올 것이다. 우리가 탁월해지기 위해서는 우리의 성장이나 훈련을 관리자에게 맡기면 안 된다는 의미다. 완벽한 멘토가 나타나 기술 개발의 길로 인도해 주기를 잠자코 기다릴 수는 없다. 우리의 미래에 확실한 이정표 같은 건 존재하지 않는다.

《루틴의 힘 2》에는 이토록 멋진 세상에서 당신이 성공하기 위해 숙달해야 하는 4가지 핵심 기술, 즉 전문성 향상, 협업 관계 구축, 기회 창출, 리스크 감수에 관한 통찰이 담겨 있다.

로버트 사피안, 벤 카스노차, 조슈아 포어, 테리사 애머빌, 토니 슈워츠, 티나 실리그를 비롯해 다수의 창의성 전문가가 각각의 주제에 맞는 지혜를 공유하기 위해 모였다. 이들의 철저한 조사와 인상적인 경험이 담긴 이 책은 설렘, 성취, 가치가 충만한 일을 할 수 있도록 도와줄 것이다. 당신이 탁월한 성과를 거두고, 원하는 모습에 가까워지는 데 이 책이 길잡이가 되길 바란다.

조슬린 K. 글라이Jocelyn K. Glei, 99U 편집장

차례

1장   **자기 일의 능력자가 되게 해 주는 루틴의 힘**

당신은 뉴노멀 혁신가가
될 준비를 마쳤는가

스콧 벨스키 Scott Belsky

어도비의 커뮤니티 부문 부사장 겸 CPOChief Product Officer, 창작자들을 위한 선도적 온라인 플랫폼 '비핸스'의 공동 창립자 겸 대표. 그는《패스트컴퍼니》가 선정한 '가장 창의적인 비즈니스 인물 100인'에 이름을 올렸고, 세계적인 베스트셀러《그들의 생각은 어떻게 실현됐을까》를 펴냈다. 또한 핀터레스트와 우버 등 여러 기업의 투자자이자 자문가이기도 하다.

⌐ www.scottbelsky.com

우리는 일, 또는 일과 관련된 경험을 대하는 데 있어서 이기적으로 변했다. 물론 좋은 방향으로 말이다. 우리는 월급을 받는 것만으로는 만족스럽지 않아 일에서 배울 점을 찾는다. 자신의 능력이 온전히 쓰이길 바라고 쉬운 일만 하고 싶어 하지도 않는다. '시간을 쏟아야' 할 때를 손 놓고 기다리기보다 일할 준비가 된 순간부터 책임감을 느끼고 싶어 한다. 좋아하는 일을 할 시간을 확보하기 위해 지겹고 따분한 일들은 자동화한다.

이렇게 야심만만한 동시에 우리는 불안하다. 그럴 만하다. 지금은 잠재력을 최대로 끌어내야 할 책임을 개인이 져야 하는 시대이기 때문이다. 하지만 이 점을 의식한다 해서 기회가 저절로 주어지지도 않고 뭔가가 자동으로 성취되지도 않는다. 잠재력을 발견하는 힘은 기술을 갈고닦으려는 의지, 위험에 뛰어드는 대담함, 탁월함을 추구하는 태도로 결정된다.

새로운 기술과 소셜 미디어를 활용하고, 익숙한 업무 방식에서 벗어나 잠재력에 눈을 돌려야 할 때다. 과거의 방식을 답습하면서 효율이 높아지기만을 바랄 수는 없다. 결과적으로 고용주에게는 물론이고 자기 자신에게도 더 높은 기준을 적용해야 한다. 충분한 자원과 기회가 갖춰졌을 때 미래를 창조할 수 있다. 이 책을 읽고 있는 당신도 나와 비슷한 생각일 것이라고 믿는다.

그런 우리를, 세상은 '자유 혁신가'라 부른다.

일의 미래를 새롭게 설계하다

자유 혁신가는 자신을 위해 일하고 스스로 일을 처리한다. 회복력이 높고 독립적이며 웬만해선 무너지지 않는다. 작은 팀이든 큰 조직 내에서든 홀로 일할 줄 안다. 세상이 바뀔 때 자유 혁신가는 기존에 굳어져 있던 '일의 형태'를 새로이 그려 나간다. 그리고 일의 결과에 대한 기대치가 아주 높다.

일을 한다는 것은, 다른 무엇보다 본질적으로 보상을 위해서다. 하지만 나 자신만을 위해서 일을 하는 건 아니다. 우리는 실재하는 무언가를 만들고 세상에 지속적인 영향을 끼치고 싶어 한다. 우리는 몰입할 때 유연성이 발휘되고 생산성이 높아진다. 그러므로 여러 시도를 하거나 한 번에 다수의 프로젝트를 진행하거나 아이디어를 발전시키기 위해서는, 조직에 속해 있든 혼자서 일하든, '자유'가 필요하다.

일을 했지만 시시한 결과물이 나오는 경우는 흔하다. 즉, 자주 실패한다. 하지만 자유 혁신가는 일하면서 진로 수정에 도움이 되는 소소한 실패를 많이 경험하려고 한다. 어느 실패든 배우는 기회로, 경험을 통한 훈련으로 여긴다. 우리는 관료주의, 연고주의, 시대에 뒤진 사업 관행으로 인한 갈등을 용납하지 못한다. '표준 절차'에 자주 의문을 제기하고 소신을 굽히지 않는다. 그러지 못할 때조차 현 상황의 갈등에 굴복하지 않고

보다 현명한 방법을 찾는다.

신생 기업이든 큰 조직이든 상관없이 우리는 존재감을 발휘하며 적재적소에 배치된다. 우리는 일에 대한 기여나 배움이 정체기에 들어서면 미련 없이 떠난다. 하지만 자신이 관심 있는 일을 하는 데 큰 조직의 투자를 받는다면 더없이 기쁠 것이다. 그래서 최선을 다하고 영향력을 최대로 키우고 싶어 한다.

오픈 소스 기술, 응용 프로그램 인터페이스, 방대하게 축적된 인터넷 지식은 우리의 무기가 될 수 있다. 설계자, 개발자, 사색가를 위한 위키피디아, 온라인 질의응답 웹사이트 쿼라 Quora, 개방형 커뮤니티는 우리 모두에 의해, 우리 모두를 위해 만들어진 곳이다. 우리는 이렇게 축적된 지식을 이용해 언제든 자기 자신과 의뢰인 모두에게 더 나은 결정을 할 수 있다. 또한 우리는 따뜻한 가슴으로 이러한 '열린 커뮤니티'에 기꺼이 아이디어를 제공한다.

혁신에는 최고의 무기가 필요하다

우리는 인적 네트워크의 힘을 신뢰한다. 우리의 안목과 큐레이션 능력을 높이 사는 사람들은 우리 말에 귀를 기울이고 따른다. 우리는 매력적인 창작물을 공유함으로써 예리한 피드백과 진심 어린 격려를 되돌려 주고 새로운 기회로 이끄는 지지자들을 곁에 둘 수 있다. 이외에도 다른 여러 이유 때문에 우리는 보통(늘 그렇지만은 않지만) 자신의 사생활을 보호하는 데만 급급하지 않고 과감한 노출을 선택한다.

우리는 좋아하는 일을 할 수 있는 힘을 제공하고 더욱 잘하게끔 북돋아 주는 능력 중심주의, 온라인 네트워크와 동료 집단의 힘을 믿는다. 경쟁은 위협이 아니라 긍정적 원동력이다. 성공의 기쁨을 누리기 위해 최고의 아이디어와 실천을 추구하기 때문이다. 우리는 좋아하는 일을 통해 생계를 유지한다. 우리는 스스로를 미래의 장인匠人으로, 때로는 일 그 자체로 여긴다. 우리는 회계 담당자, 메디슨가의 마케터, 비즈니스 개발 책임자, 협상가, 기획자다. 우리는 가용한 에너지를 일하는 나 자신에게 쏟는다. '나'라는 현대판 기업을 운영하기 위해 최고의 수단과 지식을 갖추는 데 투자한다.

99U 프로젝트는 학교에서는 가르쳐 주지 않지만, 새로운 시대에 원하는 기회를 발굴하려면 반드시 필요한 배움과 통찰을 제시하고자 만들어졌다. 《루틴의 힘 2》는 당신의 잠재력을 극대화하고 성공의 주도권을 쥐라고 강조한다. 이러한 통찰을 당신의 것으로 만들어 일에 적용했으면 한다. 좋은 결과도, 책임도 모두 당신의 몫이다. 취할 수 있는 모든 수단과 방법을 동원해 도전하라. 그리고 자기 자신뿐 아니라 세상을 성장시켜라.

자기 일의 능력자가 되게
해 주는 루틴의 힘

전문성과 기술력을 성장시키고 최적화하는 방법

"이 정도면 됐지, 뭘"이라고 자족하면서 인생을 대충 사는 건 쉽다. 목적지를 정해 놓고 자동 조종 모드로 살면 그만이다. 하지만 진정 탁월한 실력을 발휘하고 싶다면 성장을 추구하는 우리의 무한한 잠재력을 깨달아야 한다. 우리의 지능과 재능, 그리고 루틴과 습관 모두 애초에 한계가 규정돼 있지 않다.

이런 이야기에 귀 기울여야 하는 이유는, 예전과는 달리 기술, 직업, 아이디어가 거래되는 시장이 급변하고 있기 때문이다. 현재 요구되는 전문성은 5년 후에는 다른 모습일 것이다. 따라서 적응력이 뛰어나고 재능의 저장고가 넓은 사람만이 유리한 고지를 차지하게 된다.

우리는 성장 지향 마인드셋을 바탕으로, 꾸준히 반복하고 철저하게 실천해 나가야 한다. 시간이 지나면서 생기는 성공과 좌절의 흔적도 추적해야 한다. 기준을 높게 정함은 물론, 계속해서 한계를 올리고 또 올려야 한다.

이 세상에서 빛을 발하고 싶은가? 그렇다면 가장 먼저, 안전지대를 벗어나 새로운 기술을 연마하는 일부터 시작하라.

루틴의 재설계가
필요한 순간

스콧 영 Scott H. Young

교육 콘텐츠 사업가. MIT에 입학하지 않고 1년 만에 MIT 컴퓨터과학 4년 과정을 독파하는 학습법으로 화제를 모았다. 자신의 독학 비결을 정리해 《울트라러닝, 세계 0.1%가 지식을 얻는 비밀》을 펴냈으며, 이 책은 《월스트리트저널》 베스트셀러가 되었다.

 www.scotthyoung.com/blog

당신은 어제 뭘 했는가? 이 질문에 답하기 위해 보통은 자기가 한 결정을 되돌아볼 것이다. 조금만 더 일하자고 자신을 다독였을 수도 있고 빨리 일을 해치워야지 하고 다짐했을 수도 있다. 까다로운 일을 처리해야겠다고 생각했거나 잔소리하는 상사에게 한마디 하겠다고 마음을 먹었을 수도 있다. 이런 의식적 판단은 노력이 들어가는 일이기 때문에 금방 생각이 난다.

하지만 어제 아침을 먹을 때, 아침을 먹겠다고 결심한 후 먹었는가? 어떤 경로로 출근할지 따로 결정했는가? 경우의 수는 여럿 있었겠지만, 선택이 어렵지는 않았을 것이다. 평소처럼 아침을 먹었을 것이고 항상 가던 길로 출근했을 것이다. 만약 이런 습관들이 어렵게 느껴진다면 매일 '자동으로' 내리는 수많은 결정을 일일이 의식해야 한다는 말이 된다. 습관은 아침 식사처럼 사소한 일에만 국한되지 않는다. 당신의 건강, 일의 능률과 발전 모두 의식적 선택이 아니라 매일 행하는 루틴에 달려 있다.

의식적인 선택들도 자동화된 패턴에 큰 영향을 받는다. 연구자들은 인간의 의식을 행동의 원인이 아닌 해설자로 바라볼 때 더 잘 이해할 수 있음을 밝혀냈다. 즉 우리 의식은 직접 어떤 행동을 유발하는 대신, 다양한 기준에서 우리가 왜 그 행동을 취해야 하는지를 설명해 준다는 것이다. 이는 우리가 의도적으로 내리는 듯 보이는 선택조차, 어느 정도는 무의식적 패턴을 따른다는 것을 의미한다.

이런 점을 고려하면 매일 반복하는 우리의 행동은 빙산의 일각에 불과하다. 습관과 습성을 토대로 한 거대한 빙산 중 의식적 판단이라는 일부가 수면 위로 드러난 것뿐이다. 그러나 이러한 사실을 꼭 비관할 필요는 없다. 우리의 행동이 대부분 습관에서 나온다는 것을 이해하기만 해도 든든한 무기가 된다. 인생의 상당 부분을 차지하는 패턴과 루틴을 인식할 수 있다면, 이제 그걸 바꾸는 방법만 알아내면 되기 때문이다.

의지력이 실천을 이끌게 하라

10년 전, 나는 내 삶의 문제를 발견했다. 스스로 세운 목표를 지키는 데 번번이 실패한 것이다. 내 일과 관련된 프로젝트에 집중하려 했으나 실천으로 이어지지 않았다. 그러고는 대개 그렇듯 실패 원인을 나태함이나 동기 부족으로 돌렸다. 그런데 마침 그때, 습관과 루틴은 의지력이고, 의지력은 쓸수록 고갈되는 한정된 자원이라는 점을 알게 되었다. 로이 바우마이스터 Roy Baumeister는 이런 현상을 주제로 실험을 했다. '자아 고갈 Ego Depletion'로 알려진 이 현상은, 한곳에 의지력을 몰아 쓰면 다음 일에 몰두할 에너지가 소진된다는 의미다.[1]

내 경험과 정확히 일치하는 설명이었다. 어떤 일을 잘하려고 안간힘을 쓰면 다른 일은 부실해졌다. 마치 공을 저글링 할 때처럼 손에 쥔 일들이 자꾸만 바닥으로 떨어져 버렸다. 이럴 때는 루틴의 창조가 매력적인 선택이 된다. 의지력을 고갈시키는 일을 파악하여 그 일을 무의식적인 루틴으로 점차 변화시켜 나간다면, 자신의 의지력이 가진 힘을 다른 일에 끌어 쓸 수 있을 것이다.

루틴 교정은 한 번에 하나씩

루틴 재설계의 핵심은 의지력이 그다지 효과적이지 않음을 깨닫는 데 있다. 의지력이 쓸데없다는 것이 아니라, 기대만큼 강력한 수단은 아니라는 뜻이다. 의지력은 제한되어 있으므로, 어떻게 루틴을 만드느냐에 따라 보다 영리하게 활용될 수 있다. 이런 점을 고려하면 루틴을 만드는 초기에 제일 공을 들여야 한다. 그래야 나중에 자제력이라는 자원을 끌어 쓰지 않아도 자동으로 루틴이 발휘된다. 나는 이를 '집중 원칙'이라고 부르며, 자기 행동이 바뀌길 원하는 사람들이 사용하는 평범한 방법과는 배치된다는 점을 강조하고 싶다.

집중 원칙은 한 번에 루틴 하나씩만 바꿔 나가는 것이다. 최소 한 달은 루틴 하나를 바꾸는 데 몰두하고, 다음 루틴으로 넘어가는 게 가장 효과적이다. 예를 들어 일찍 일어나고 자주 운동하는 루틴을 만들고 싶고, 더불어 회사 조직의 개편까지 꾀한다고 치자. 먼저 현재 자신의 성장을 둔화시키는 수면, 건강, 업무 습관을 점검하고 긍정적인 방향을 모색해야 한다.

사람들은 보통 한 번에 3가지 습관을 모두 바꾸려고 한다.

이 방법이 단기간에는 효과적일지 모른다. 하지만 한두 주가 지나면 교정하려던 습관이 하나 이상 삐걱대기 시작한다. 루틴을 만드는 초반에 이런 문제를 의지력으로 해결하려고 들면 이전으로 되돌아가기 쉽다.

이때 현명한 전략은 루틴을 하나씩 차근히 교정해 나가는 것이다. 매달 새로운 루틴 하나에만 주력하면 된다. 첫째 달은 일찍 일어나기, 둘째 달은 규칙적으로 운동하기, 셋째 달은 회사 조직 개편 달성하기, 이런 식으로 말이다. 루틴의 기본값을 재설정하는 데 30일이라는 시간이 부족할 수도 있다. 한 연구에서 습관을 들이는 데 평균 66일이 걸린다고 밝힌 바 있다.[2] 루틴 재설계가 실패하지 않을 최소의 기간을 30일이라고 여기기 바란다.

어떤 사람들은 이런 방법이 너무 더디다고 여길 수도 있겠지만, 실제로 한 달에 루틴 하나를 바꾸는 것이 절대 느리다고 할 수 없다. 이 방식으로 1년 동안 어떤 루틴을 바꿀 수 있을까?

- 일찍 일어나기
- 규칙적으로 운동하기
- 적당히 식사하기

- 생산성 높은 시스템 구축하기

- 창작을 위한 나만의 시간 확보하기

- 더 계획적으로 살기

- 한 달에 책 한 권 읽기

- 무의미한 인터넷 서핑 끊기

- 받은 메일함 비우기

- TV 시청 시간 줄이기

- 새로운 기술 익히기

- 꾸준히 일기 쓰기

위 목록 중에서 4분의 1만 달성해도 인생에서 의미 있는 수확을 거두는 셈이다. 이처럼 '루틴 변화의 집중 원칙'은 결코 느리지 않다. 실제로 다른 대안들보다 훨씬 빠른 결과를 낳는다.

일관된 실천으로 효율을 높여라

습관을 바꾸기 위한 두 번째 통찰은 '고전적 조건 형성 이론'에서 가져왔다. 고전적 조건 형성은 심리학의 기초 이론으로 이반 파블로프가 유명한 개 실험을 통해 처음 발견했다. 파블로프는 개에게 종소리를 들려준 뒤 음식을 줬다. 얼마 지나지 않아 개들은 종소리가 들리면 침을 흘렸고 먹을거리를 기대했다. 설령

음식이 나오지 않아도 개들은 계속 침을 분비했는데, 종소리가 들리면 자동으로 음식을 연상한 것이다.[3]

우리도 고전적 조건 형성 이론을 활용해 루틴 재설계의 속도를 높일 수 있다. 어떤 루틴을 바꾸기 위해 꾸준히 노력하면 그 루틴이 체화되는 시간은 단축된다. 이는 종이 울리면 개가 침을 흘리는 것과 같은 이치다. 파블로프가 일관성 없이 종을 치거나 다른 장치를 써서 음식을 가져다줬다면 개들은 종소리를 듣고 자동으로 음식을 연상하지 못했을 것이다.

일관성은 매번 습관을 들일 때도 적용된다. 일의 루틴을 정하거나 까다로운 작업을 능숙하게 해내야 할 때를 생각해 보자. 그리고 당신은 일주일에 세 시간 정도 그 일에 몰두하길 원한다. 그러면 일주일 중 3일을 정해 하루 한 시간씩 그 일을 하는 게 방법이 될 수 있다. 일과 시간 전후 또는 평일이나 주말에 짬을 내서 하는 것이다. 하지만 이 방법은 실천하긴 쉽지만 지속하기는 어렵다. 결국 반사적으로 루틴이 발휘되려면 오랜 세월이 걸린다.

그러나 매일 퇴근 후 35분 정도 그 일에 시간을 쏟는다고 가정해 보자. 일관성 있게 실천하는 것이다. 매일, 같은 조건, 정확히 같은 방식으로 일어나기 때문이다. 퇴근 후 루틴처럼 이어지던 그 일은 머지않아 당신도 모르게 하루의 일과가 될 것이다.

집중력과 일관성을 지닌다면 루틴을 비꿀 수 있다. 습관을 교정하는 것은 인생 전반을 지배하고 성공을 좌우하는 행동 양식을 재설정하는 과정이다.

"

통찰이 변화를 가져오는 것보다,
변화가 통찰을 가져오는 경우가 훨씬 많다.

_밀턴 에릭슨Milton Erickson

"

나는 어떻게 루틴으로 탁월한 결과를 내는가

토니 슈워츠 Tony Schwartz

기업 성과 관리 컨설팅 회사인 '에너지 프로젝트'의 회장 겸 CEO.《포천》선정 500대 기업을 대상으로 삶과 조직의 에너지 관리에 대해 컨설팅하고 있다. 가장 최근 저서인《무엇에든 탁월하라Be Excellent at Anything》와《몸과 영혼의 에너지 발전소》는 모두《뉴욕타임스》베스트셀러에 올랐다.

www.theenergyproject.com

그것은 단 30명을 대상으로 한 소규모 연구였다. 통계상으로 충분히 유의미한 결과가 아닐 수도 있지만, 비범한 성과를 내는 인간의 탁월한 수행 능력과 기타 요소에 대한 풍부한 정보를 담고 있다. 인간의 수행 능력 연구에 관한 세계 최고의 전문가 K. 안데르스 에릭슨K. Anders Ericsson은 뛰어난 인재들이 모여 있는 서베를린 음악 학교의 바이올린 연주자 30명을 대상으로 연구를 실시했다. 에릭슨의 연구 목적은 출중한 음악가라면 누구나 공통으로 지닌 요소 말고 30명의 연구 대상들만이 가진 남다른 특징을 세밀하게 파악하는 것이었다. 요컨대 '어떤 행동이 그들의 역량을 최고 수준으로 끌어올리는가'가 궁금했던 것이다.

에릭슨 연구의 핵심 발견은 이제 전설의 반열에 올랐다. 어느 분야에서든 탁월한 경지에 이르려면 1만 시간이라는 '의식적 연습'이 필요하다는 점을 밝혀냈기 때문이다. 그리고 집요한 끈기와 전문가의 피드백이 있다면 거의 모든 분야의 사람들이 탁월함의 경지에 이를 수 있다고 주장했다. 이 연구 결과는 말콤 글래드웰의 베스트셀러 《아웃라이어》의 핵심 주제가 되었으며 여러 책과 기사에 수십 차례 인용되었다. 하지만 인용된 부분들은 에릭슨 연구 중 아주 일부에 불과했다.

의식적 반복이 실력 향상을 이끈다

연습은 두말할 것 없이 탁월함에 이르는 핵심이다. 에릭슨은 교사가 정한 학생 실력에 따라 바이올린 연주자를 세 집단으로 나눴다. 최하위 집단의 학생들은 하루에 1시간 30분 이하로 연습했다. 상위 두 집단은 하루 평균 4시간 정도를 연습에 쏟았다. 하지만 한 번 연습할 때 1시간 30분을 넘기지 않았고 연습 사이사이에 휴식을 취했다. 상위 두 집단에서 주목할 만한 차이가 있다면 최상위 집단의 학생들은 더 어린 나이에 바이올린을 시작해서 둘째 집단의 학생들보다 총 연습 기간이 더 길었다는 점이다.

그런데 이 숙련된 연주자들은 왜 이런 방식으로 연습했던 걸까? 운동선수, 체스 선수, 작가, 과학자 등 다른 분야의 최고 인재들에게도 이러한 연습법이 가능할까? 답은 생리학에 있다. 인간은 반복적으로 에너지를 소비하고 재생하는 데 적합하도록 만들어졌다. 인간의 제일 좋은 상태는 생체 리듬을 따라 움직일 때다. 이는 밤에 자고 낮에 깨어 있어야 함을 의미한다. 우리는 밤에 기본 휴식 활동 주기Basic Rest Activity Cycle에 따라 잠을 잔다. 이 주기는 5단계로 구성되어 있는데 얕은 수면과 깊은 수면을 1시간 30분씩 반복한다. 또 이 주기는 낮에도 반복된다. 단, 낮에는 90분 동안 정신이 말짱하다가 피로한 상태로 바뀐다는 점이 밤과 다르다.

에릭슨 연구에 참여한 연주자들은 대부분 이 사실을 인지하지 못했지만, 개중 제일 뛰어난 학생은 몸의 변화를 감지했다. 상위 두 그룹의 거의 모든 학생이 아침에 첫 연습을 시작했다.

아침은 에너지가 가장 충만할 때고 방해 요소도 가장 적다. 피곤하다 싶으면 연습한 지 1시간 30분이 흐른 뒤였고 이후 학생들은 쉬면서 에너지를 보충했다. 이렇게 세 차례 반복하면 그날 연습은 끝난다. 에릭슨은 인간이 태생적으로 하루 한 가지 일에 최고로 집중할 수 있는 적정 시간은 4시간 30분이라고 결론을 내렸다.

일과 휴식을 적절히 반복하라

탁월한 경지에 이르고픈 사람들에게 이 연구 결과가 던지는 메시지는 선명하고 구체적이다. 첫째 메시지는 바로 리추얼Ritual의 힘이다. 리추얼은 특정 시간에 하는 규칙적 행위로, 거듭될수록 목적이나 에너지 소비를 의식하지 않고 실행하게 되는 행동이다.

지금까지 인간의 의지와 훈련은 과대평가되었다. 우리에게는 에너지를 끌어다 쓸 수 있는 저장고가 하나뿐이다. 그래서 일을 마치기 위해 에너지를 쓸수록 점점 고갈된다. 아침에 일어나서 그날 입을 옷을 고르거나, 까다로운 일을 마무리하거나, 후식으로 초콜릿 칩 쿠키의 유혹을 물리치기 위해 에너지를 쓴다면, 이후 다른 일을 처리하는 데 쓸 에너지는 줄어들 것이다. 하지만 의식적 행위는 우리의 소중하고 유한한 에너지 저장고를 보존하는 데 도움을 준다.

에릭슨 연구의 둘째 메시지는 최고의 수행력을 발휘하려면 무한정이 아니라 시간제한을 두고 전력 질주를 하라는 것이다. 시작과 끝 시간을 명확하게 정하면 일에 들어가는 부담이 훨씬 덜하다. 하나의 목표에 파고들어 매진하는 능력은 탁월함의 핵심이다. 시간제한을 두면 이메일이나 소셜 미디어 등 방해물의 유혹을 쉽게 참을 수 있다.

가장 반직관적일 수도 있는 셋째 메시지는 에너지 회복의 중요성에 대한 강조다. 많은 사람이 쉬면서 에너지를 보충하는 것을 두려워한다. 게으름뱅이라는 낙인이 찍힐 수 있기 때문이다. 우리 사회에는 뭔가를 더 많이, 더 크게, 더 빨리, 더 오래 해야 한다는 기업 문화가 여전히 팽배하다. 하지만 휴식이야말로 탁월함을 지속 가능하게 해 주는 아주 중요한 요소다.

이러한 통찰력 있는 연구에 더욱 놀랄 만한 사실이 있다. 에릭슨이 실력 향상에 가장 중요한 두 번째 요소가 무엇인지 피실험자들에게 묻자, 학생들은 거의 만장일치로 '충분한 수면'을 꼽았다. 상위 두 집단은 20~30분 정도의 낮잠을 포함해서 하루 평균 8.5시간을 잤다. 최하위 집단의 수면 시간은 7.8시간이었다. 이에 반해 미국인들은 대체로 6~6.5시간을 잔다. 수면은 신체 회복은 물론이고 뇌가 낮에 학습한 것들을 효율적으로 통합하고 저장하는 기능을 한다. 기량이 뛰어난 학생들은 이를 직감적으로 인지하고 충분히 수면을 취했다.

나만의 리추얼로 최고를 노려라

나는 이 방법이 효과가 있다는 사실을 알고 있다. 지난 10년간 많은 학생을 가르치면서 그 성과를 직접 확인했기 때문이다. 또 내 일에도 적용해 보니 훨씬 효과적이라는 점을 확인할 수 있었다. 여러 해 동안 나는 아침이면 책상에 앉아 글을 썼는데 휴식 시간도 따로 없이 온종일 앉아 있었다. 그러다 보니 딴짓과 방해물에 정신이 팔려 집중할 수 없었고, 별다른 성과 없이 육체적, 정신적으로 지쳐 하루를 마무리한 날이 많았다.

하지만 고도의 수행력을 연구하기 시작하면서 나도 나만의 리추얼을 만들어 실행했다. 아침에 일어나면 집필을 위해 맨 먼저 책상에 앉는 것은 똑같았지만 이제는 한 번에 정확히 1시간 30분 동안 글을 쓴다. 1시간 25분도 아니고 1시간 35분도 아니다. 그러고 나서 쉰다. 요기를 하거나 눈을 감고 10분간 심호흡을 하거나 달리기를 하는 등 에너지를 얻기 위해 다른 활동을 한다.

에너지를 얻었으면 다시 똑같은 방식으로 1시간 30분 동안 일을 한다. 그리고 두 번째 휴식 시간을 갖고 다시 책상으로 돌아와 마지막 1시간 30분을 보낸 뒤 점심을 먹는다. 점심 식사는 또 다른 형태의 에너지 충전이다. 유난히 고단한 날에는 짧게 낮잠을 자기도 한다. 오후에는 힘이 많이 들어가는 일을 피하는 편이다. 내가 체화한 의식적 연습에는 내재적인 보상이 뒤따른다. 외부로부터 즉각 보상이 오지 않더라도 일 자체에서 성취감을 느끼고 에너지를 받는다. 장기적으로 보면 확실히 이점이 많다.

하루 종일 책상에 앉아 집중하려고 몸부림쳤던 때는 책 한 권을 쓰는 데 최소 1년이 걸렸다. 하지만 의식적 연습을 할 때는 하루에 일하는 시간을 절반 이하로 줄였는데도 집중력은 훨씬 높아졌다. 6개월도 안 돼서 신작 2권을 마무리할 수 있었다. 이에 못지않게 사고의 깊이와 작문 실력도 내가 정한 목표에 도달했는지가 중요한데, 이들 또한 비약적으로 성장했다.

어떤 일을 하기 위해 하루에 4시간 30분을 끊김 없이 확보하는 일은 현실적으로 쉽지 않다. 그렇다 하더라도 자그마한 습관부터 들이는 게 좋다. 당신이 가장 키우고 싶은 능력은 무엇인가? 마음속 깊이 끌리는 일이 있다면 그 일은 당신이 헤아리지 못할 정도의 원동력이 될 것이다. 그런 다음 뭔가를 끊기지 않고 한 번에 할 수 있는 시간을 마련해야 한다. 예를 들어 원하는 기술을 연마하기 위해 평일에 1시간씩 실행하는 식인

데, 되도록 아침에 시작하는 것이 좋다. 집중력이 높아지면 15분씩 늘리고 그러다 보면 나중에는 중단 없이 1시간 30분도 가능해진다.

비슷한 연습을 수면에도 적용할 수 있다. 요즘 수면 시간이 7시간 이하로 줄었다면(2.5퍼센트를 제외한 나머지 사람들에게는 충분한 수면이 필수다) 다음 주에는 30분 일찍 잠자리에 들도록 시도해 보라. 그러고 나서 몸 상태를 관찰하는 것이다. 그다음 날 낮에 활기가 넘쳤다면 둘째 주와 셋째 주에 각각 15분씩 수면 시간을 늘려 보라.

나는 탁월함에 이르는 핵심이 자신만의 물결의 폭을 늘리는 것, 즉 생체 리듬을 발전시키는 일이라고 믿는다. 일할 때는 비교적 짧은 시간 안에 온몸을 던져라. 쉴 때는 긴장을 풀고 온전히 충전하라.

기복 없이 안정된 상태를 우리는 '평균'이라고 부른다. 하지만 안타깝게도 '평균' 수준은 만족스럽지 않다. 탁월함에 이른다는 것은 자신을 부지런히 안전지대 밖으로 밀어내는 일이다. 그러면서 온전히 나를 회복하고 돌보는 법을 배울 수 있다. 물결에 리듬을 더하라. 원하는 분야의 실력도 늘고 전보다 더 인생을 주도하는 기분이 들 것이다.

"

1그램의 연습이
1톤의 이론보다 가치 있다.

_에른스트 프리드리히 슈마허E. F. Schumacher

"

Q&A

안전지대가 당신을
망치는 이유

조슈아 포어 Joshua Foer

아틀라스 옵스큐라Atlas Obscura와 쑤카 시티Sukkah City의 공동 설립자이자
과학 저널리스트. 《뉴욕타임스》《워싱턴포스트》《내셔널지오그래픽》《에스콰
이어》 등 매체에 글을 쓴다. 저서로 《1년 만에 기억력 천재가 된 남자》《아틀라
스 옵스큐라》가 있다.

⤢ www.joshuafoer.com

세계적인 베스트셀러 작가 조슈아 포어는 방관자 스타일의 작
가가 아니었다. 그는 지난 2005년 전미 기억력 챔피언십USA
Memory Championship을 취재하러 갔다가 스피드 카드, 안면 인
식, 시 암송 등 생소한 기억술의 매력에 빠져 기억력 챔피언이

되기로 결심한다. 그리고 2006년, 1분 40초 만에 카드 한 벌을 다 외워 스피드 카드 부문의 우승 트로피를 거머쥐었다.

포어는 영국 출신의 기억력 그랜드 마스터 에드 쿡Ed Cooke 과 함께 훈련했으며 기억력 챔피언, 운동선수, 외과 의사 등 뛰어난 수행력으로 기술을 습득하는 인물들을 연구했다. 우리는 'OK 고원OK Plateau'을 정복하는 것이 전문성을 갖추기 위한 기반인 이유에 대해 포어와 대화를 나눴다.

Q. 기술 습득의 단계에는 어떤 것이 있을까요?

1960년대에 심리학자들은 기술 습득의 3단계를 알아냈어요. 먼저 '인지 단계'입니다. 해야 할 일을 지적으로 처리하고 분석하는 단계로 더 나은 실행을 위해 새로운 전략을 구상하죠. 그 과정에서 시행착오도 거듭하고요. 이 단계에서 우리는 하는 일에 의식적으로 집중합니다. 그러고 나면 '연합 단계'에 들어서요. 실수가 줄어들고 점차 기술이 나아지죠. 마지막으로 '자율 단계'에 도달합니다. 여기서는 자동 조종 모드를 켠 것처럼 습득 기술을 머릿속 서류함에 넣고 의식의 회로를 끕니다.

Q. OK 고원의 개념은 뭔가요?

OK 고원은 우리가 자율 단계에 다다랐을 때를 말해요. 의식적 또는 무의식적으로 스스로 이렇게 말하죠. "이제 난 이 일에 능숙해." 그러면서 의식적으로 발전에 대한 관심을 꺼요. 우리는 거의 모든 분야에서 OK 고원에 다다를 수 있어요. 처음 운전을 배우는 10대는 실력이 빨리 늘죠. 하지만 초보 운전 딱지를 떼는 순간 내 운전 실력도 딱 거기서 멈춰 버려요.

Q. OK 고원을 넘기 위해 전문가가 사용하는 방법이 있다는데 자세히 소개해 주세요.

심리학자들은 우리가 상상할 수 있는 모든 분야의 전문가들을 연구했어요. 운동선수, 예술가, 기업인까지요. 놀랍게도 그들은 지금까지 전문가들이 이용한 기막힌 법칙을 알아냈죠. 이 법칙을 살펴보면 다른 사람은 얻지 못한 전문성을 왜 그들만 손에 쥐었는지 알 수 있어요.

전문가들이 발견한 기본 원칙은, 어느 분야의 실력을 키우고 싶어도 자율 단계에서는 원하는 성과를 얻을 수 없다는 거예요. 자동 조종 모드로 운전하면서 운선 실력 향상을 기대하기는 힘드니까요. 선대의 전문가들은 자율 단계를 벗어나 의식을 깨우는 전략을 썼어요. 이렇게 해서 OK 고원을 정복했죠.

Q. 그러면 전문가들은 기술 습득의 초반 단계를 계속 유지했던

건가요?

전문가들은 연습할 때 안전지대를 빠져나와 자신의 실패와 약점을 철저히 연구해요. 세계적인 피겨 스케이터들은 착지에 실패한 점프를 연습하는 데 다른 선수들보다 더 많은 시간을 쏟아요. 음악가도 마찬가지죠. 대부분의 음악가는 자신 있는 연주로 연습을 시작해요. 잘하니까 재미는 있겠죠. 하지만 진정한 프로는 자기가 못하는 부분이나 완전히 통달하지 못한 부분에 집중해요. 실력을 향상시키는 방법은 자신을 한계 너머로 밀어내는 겁니다.

Q. 이런 전문가들은 얼마나 많은 시간을 연습에 쏟았나요? 아주 오랜 시간인가요, 아니면 딱 몰두할 정도의 시간인가요?

시간을 들이지 않고 뭔가를 잘할 수는 없어요. 다만 시간의 양만큼 시간의 질도 중요하죠. 자신이 못하는 부분을 연습하더라도 혹독하게 하지 않는다면 실력은 더디게 향상될 거예요.

Q. 작가로서 역경을 어떻게 극복했나요?

작품을 쓸 때 그 이야기와 한 몸이 되려고 노력해요. 예를 들어 지금 쓰고 있는 책 때문에 콩고의 열대 우림 지역에서 바벤젤레Babenjele 피그미족과 많은 시간을 보냈죠. 그곳에는 매 순간 위험이 도사리고 있어요. 하지만 나를 극한으로 밀어 넣지 않는다면 발전을 기대할 수 있을까요?

Q. 왜 피드백을 받아야 하죠?

전문가들은 즉각적인 피드백을 계속 원하고 또 피드백을 통해 성장해요. 의료 분야에서 예를 들어 볼게요. 우리는 보통 의사 일을 오래 하면 실력이 늘 거라고 생각해요. 하지만 의료 분야에서도 유방 조영술 분야만큼은 그렇지 않아요. 의사들은 유방암 진단을 위해 X선 촬영을 하는데, 촬영을 오래 했다고 해서 진단을 더 잘하는 것은 아니에요. 반면 외과 의사들은 시간이 갈수록 실력이 늘죠.

차이는 피드백에 있어요. 유방 조영술 검사로 진단이 정확한지, 종양을 놓치지 않았는지 알아내는 데는 몇 주나 몇 달, 길게는 몇 년이 걸려요. 반면 외과 의사는 수술이 끝나면 바로 정확한 피드백을 받죠. 환자가 회복하거나 아니거나. 이 부분에서 현실적인 제안을 하나 하자면, 유방 조영술 의사들도 과거에 했던 검사를 정기적으로 체크하는 거예요. 그러면 거기서 피드백도 받고 배울 점도 얻을 수 있겠죠.

Q. 당신은 기억력 코치에게 무엇을 배웠나요?

에드 쿡은 유럽 최고의 기억력 챔피언이에요. 그가 없었다면 난 기억력 챔피언이 되지 못했을 거예요. 에드 쿡 덕분에 연습을 이어 갔고 기억력을 높이는 방법에 대해 꾸준히 피드백을 받았어요.

Q. 혼자서도 자신을 잘 코치할 수 있을까요?

스스로 자신을 코치하기는 힘들어요. 불가능한 건 아니지만요. 자신에게 객관적인 피드백을 줄 수 있는 체계를 만드는 것이 중요해요. 그래야 피드백이 존중되고 활용될 수 있어요.

Q. 멘토나 코치를 구할 수 없을 때는 어떻게 피드백 체계를 만들어야 하죠?

기억력 훈련을 할 때 나는 스프레드시트에 연습 내용을 일일이 적었어요. 그러면 훈련 진행 상황이 한눈에 들어오죠. 숫자는 거짓말을 하지 않아요.

Q. 끊임없이 안전지대를 벗어나라는 것은 무리한 요구 아닌가요? 자신을 채찍질할 수 있도록 내적 동기를 유발하는 방법에는

무엇이 있을까요?

내가 가고 있는 방향에 대해 분명하고 강한 확신이 있어야 해요. 당장 일이 뜻대로 되지 않더라도 고난 끝에 다가올 보상을 볼 줄 알아야 합니다.

"

급변의 시대에
**미래를 잇는 것은
배우는 자들이다.**

_에릭 호퍼Eric Hoffer

"

눈앞의 성과보다
바람직한 성장에 집중하라

하이디 그랜트 할버슨 Heidi Grant Halvorson

세계적인 심리학자. 컬럼비아대학교 경영대학원 동기과학센터 부소장과 'EY 아메리카스 러닝' 연구개발소장을 맡고 있다. 목표 달성, 동기 부여, 설득, 리더십에 대해 20년 넘게 연구했으며 임직원 교육 프로그램을 진행했다. 저서로 《어떻게 마음을 움직일 것인가》《어떻게 최고의 나를 만들 것인가》《작심삼일과 인연 끊기》《어떻게 의욕을 끌어낼 것인가》(공저) 등이 있다.

www.heidigranthalvorson.com

사람들 중에는 유난히 똑똑하거나 창의적이거나 통찰력 있거나 그게 아니라도 다재다능해 보이는 비범한 능력자들이 있다. 이런 사람들은 대체로 자신의 능력을 냉철하게 판단할 뿐 아니라 근본적으로 타인과는 다른 기준을 통해 자신을 평가한다.

반면 영재 아동이었지만 성인이 되면서 점점 취약해지고 자기 확신이 줄어드는 경우도 있다.

왜 이런 현상이 일어날까? 우리는 먼저 자신의 잠재력을 깨닫고 과거의 실패 요인을 극복해야 한다. 다음으로 존재조차 몰랐던 자신의 마인드셋을 바꾸는 방법과 활기차고 날카로운 눈으로 일과 세상을 바라보는 방법을 배워야 한다.

재능보다 노력을 칭찬하라

내가 컬럼비아대학교 대학원생일 때의 일이다. 나는 스승인 캐릴 드웩Carol Dweck, 대학원생 클라우디아 뮐러Claudia Mueller와 함께 5학년 학생을 대상으로 다양한 칭찬의 효과를 알아보는 연구를 실시했다.[4] 연구자들은 칭찬이 자기 효능감과 회복 탄력성에 얼마나 영향을 끼칠지 궁금해했다. 연구에 참여한 학생들은 상대적으로 쉬운 문제부터 풀었고 문제 수행에 대한 칭찬을 받았다. 학생 절반은 지능을 강조하는 칭찬("진짜 잘했어. 너 정말 똑똑하구나!")을, 나머지 절반은 끈질긴 노력을 강조하는 칭찬("진짜 잘했어. 너 정말 열심히 했구나!")을 들었다.

다음으로 고난도 문제들이 나왔다. 실제로 너무 어려워서 학생들은 한 문제도 제대로 풀지 못했다. "망했다"는 말이 여기저기서 들렸다. 마지막 단계에는 처음 풀었던 문제처럼 쉬운 문제가 주어졌다. 이전 단계에 경험한 좌절이 다음 문제 수행에 어떤 영향을 미치는지 보기 위해서였다.

드웩과 밀러는 처음에 똑똑하다고 칭찬받은 학생의 약 25퍼센트가 첫 문제에 비해 마지막 문제를 잘 풀지 못했다는 사실을 알아냈다. 그들은 부진한 과제 수행을 자신의 부족한 능력 탓으로 돌렸다. 그 결과, 문제 푸는 과정을 제대로 즐기지 못하고 쉽게 포기했다. 반면 노력을 칭찬받은 학생들의 약 25퍼센트가 첫 문제에 비해 마지막 문제를 더 잘 풀었다. 그들은 과제 수행의 어려움을 노력 부족으로 여겼다. 결과적으로 마지막 문제를 해결하려고 끝까지 씨름했으며 심지어 노력 자체를 즐기기도 했다.

드웩과 밀러의 연구에서 주목해야 할 점은 지능을 칭찬받은 학생과 노력을 칭찬받은 학생들의 평균 역량은 비슷했다는 것이다. 대체로 첫 문제는 잘 풀었고 두 번째 문제는 어려워했다. 두 그룹의 유일한 차이는 난관에 부딪혔을 때 어려움을 해석하는 태도였다. 풀기 힘든 문제를 만났을 때 그 문제를 어떻게 대하는지가 달랐다. 지능을 칭찬받은 학생들은 훨씬 더 빨리 자기 능력을 의심했고 자신감을 잃었으며 그 결과 수행 능력이 떨어졌다.

우리가 어릴 때 부모, 교사, 멘토에게 받은 피드백의 성격에 따라 자신의 능력을 바라보는 시각은 판이하게 달라진다. 자신의 능력을 선천적이고 고정된 것으로 바라보는지 아니면 노력과 연습을 통해 발전할 가능성이 있다고 여기는지가 나뉘는 것이다. 젊은 예술가가 "정말 창의적이야" "역량이 대단해" "천부적 재능이야" 이런 칭찬을 듣는다면 여기서 창의력과 재능은 선천적인 어떤 자질을 의미한다. 프로젝트가 순조롭게 진행되지 않거나 예술품이 무가치한 취급을 당한다면, 이 예술가는 그러한 피드백을 깊이 있는 연구와 끈질긴 노력과 새로운 접근법이 필요하다는 신호로 받아들이지 않고 결국 자신의 창의성이나 재능을 탓할 것이다.

결과 중심 마인드셋 VS 성장 중심 마인드셋

우리는 목표에 접근할 때 '뛰어난' 결과 중심, 혹은 '바람직한' 성장 중심, 이 2가지 마인드셋 중 하나를 취한다. 결과 중심 마인드셋은 자신이 이미 대단한 능력을 가졌고 일에 대해 정확히 이해했다는 점을 증명하는 데 중점을 둔다. 반면 성장 중심 마인드셋은 능력 개발과 새로운 기술 습득에 주력한다. 자신의 똑똑함을 과시하고 싶은지, 아니면 정말 더 똑똑해지고 싶은지가 2가지 마인드셋의 차이라고 할 수 있다.

결과 중심 마인드셋은 자신의 성과를 끊임없이 남과 비교한다. 자신의 재능이 타인이 정한 조건에 맞는지 살피고 능력을 인정받으려 한다. 이런 사고방식은 재능을 지나치게 칭찬받으면 나타난다. 자신은 재능을 타고났으며 이 재능은 변하지 않을 것이라고 믿게 된다. 결과물에 대한 주위의 기대가 과도하게 높을 때, 타인의 평가를 신경 쓰지 않을 수 없을 때 우리는 무의식적으로 이런 사고방식을 택한다. 프로 예술가에게서 이 마인드셋을 흔히 엿볼 수 있다. 예술가들은 평가와 비판을 피할 수 없기 때문이다.

결과 중심 마인드셋은 일이 잘 안 풀리거나 경쟁 상대가 뛰어난 성과를 냈을 때 무력감을 느끼기 쉽다. 그럴 때 우리는 성급하게 능력을 의심하고 ('아, 난 재능이 없나 보다!') 그때부터 계속 불안해한다. 하지만 아이러니하게도 능력에 대해 불안해하면 실패로 이어질 확률이 훨씬 높다. 수많은 연구를 통해 드러났듯이, 불안해한다고 결과물이 나아지지 않는다. 불안은 그저 창의력 킬러일 뿐이다.

한편 성장 중심 마인드셋은 타인과의 비교 대신 자신의 발전에 초점을 맞춘다. 어제, 지난달, 작년과 비교해 오늘은 일을 잘해냈는가? 시간이 지날수록 능력이 나아지고 있나? 내가 원하는 창의적 인재에 가까워지고 있는가?

성장 중심 마인드셋의 최대 장점은 현실에서 방탄복이 되어 준다는 것이다. 배움과 성장에 집중하므로, 실수를 하더라도 과정으로 받아들이고 일이 틀어지더라도 의욕과 끈기를 잃지 않는다. 또한 일에 재미를 느끼고 즐길 줄 안다. 우울과 불안도 덜 느낀다. 일을 질질 끄는 경우도 별로 없으며 계획적으로 행동한다. 이러한 사고방식은 독창성과 혁신으로 이어진다. 우리 미래를 위해서 이러한 사고방식이 필요하다.

어떻게 하면 성장 중심 마인드셋을 기를 수 있을까?

긍정적 성장을 위한 5가지 비결

실수에 관대하라: 이 태도가 중요하다는 점은 누구나 동의할 것이다. 새로운 프로젝트나 노력이 요구되는 일을 시작할 때 이렇게 외쳐 보라. "단번에 잘할 수는 없어. 실수도 하겠지. 그래도 괜찮아."

내가 실수에 너그러워지라고 말하면 사람들은 지레 겁을 먹는다. 하지만 그럴 필요 없다. 앞에 언급한 연구 외에도 다른 연구에서 밝혀졌듯이, 실수를 너그러이 허용할 때 실수할 확률이 현저히 줄어든다. 대체로 우리는 해 보지 않은 일과 씨름할 때 일의 난이도는 고려하지 않고 완전무결하게 해내려 한다. 이것이 바로 결과 중심 마인드셋의 핵심이다. 그리고 완벽하게 해내려는 혼자만의 욕심은 점점 부담으로 다가온다. 아이러니하게도 좋은 성과를 내려 압박감을 느낄수록 실수가 더 잦아진다. 그리고 성장 중심 마인드셋이 내놓는 결과물보다 질도 훨씬 떨어진다.

문제가 생기면 도움을 요청하라: 도움을 청한다고 해서 능력이 없다는 의미는 아니다. 사실 반대인 경우가 더 많다. 어리석은 사람만이 혼자서 모든 걸 해낼 수 있다고 믿는다. 도움이 필요할 때 요청할 줄 아는 사람이 더 유능하게 인식된다는 연구 결과도 있다.

오늘의 성과를 남의 성과가 아니라 지난주나 작년의 내 성과와 비교하라: 물론 우리는 살면서 남과의 비교를 완전히 피할 수 없다. 하지만 다른 사람과의 비교를 멈추고 이런 비교가 내 성장에 아무 도움이 안 된다는 점을 명심하라. 내가 나날이 성장하고 발전하고 있다는 것이 중요하다.

완벽이 아닌 향상에 주목하라: 결과 중심 마인드셋에서조차 목표를 적어 두는 것은 유용하다. 단지 '향상, 배움, 진보, 발전, 개발, 실현' 등 성장 중심의 언어로 다시 쓰기만 하면 된다. 아래 예를 살펴보자.

1장 자기 일의 능력자가 되게 해 주는 루틴의 힘

- 결과 중심 마인드셋의 목표: 마케팅 분야의 일을 잘하고 싶다.

- 성장 중심 마인드셋의 목표: 마케팅 능력을 키워 더 유능한 마케터가 될 것이다.

믿음을 점검하고 필요하다면 믿음에 도전하라: 어떤 기회더라도 내심 자신의 발전 가능성을 의심한다면 지속적으로 발전하기 어렵다. 능력이 고정돼 있다는 믿음은 자기 충족적 예언이 되고, 거기서 파생되는 자신에 대한 의심은 결국 발전을 저해한다. 지능, 창의력, 자제력, 매력, 운동 신경과 상관없이 인간의 능력은 무한하다는 것이 과학으로 입증되었다. 특정 분야의 전문가가 되려면 경험, 노력, 끈기가 가장 중요하다. 변화는 언제나 실제로 가능하다. 노력 없이 계발되는 능력은 없다. 나중에라도 '그런데 난 이거 못하는데……'라는 생각이 든다면 이 말을 떠올려라. 당신은 단지 '아직' 잘하지 못할 뿐이다.

"

획득이 아닌
실현을 목표로 하라.

_엘버트 허버드Elbert Hubbard

"

일기 쓰기로 나만의
성공 패턴 만드는 법

테리사 애머빌 Teresa Amabile

하버드대학교 경영대학원 교수이자 하버드 리서치 센터 이사. 2011년, 경제학계의 오스카상이라 불리는 '싱커스 50Thinkers 50'에 선정되었다. 스티븐 크레이머와 함께 《전진의 법칙》을 펴냈다. 그 외 저서로 《창조의 조건》이 있다.

⌐ www.progressprinciple.com

스티븐 크레이머 Steven Kramer

동기 부여와 생산성 분야의 연구자이자 컨설턴트. 브랜다이스대학교 심리학교수를 지냈다. 테리사 애머빌과 함께 《전진의 법칙》을 펴냈다.

⌐ www.progressprinciple.com

엘라 벤 우르 Ela Ben-Ur

미국 올린공과대학교 교수이자 디자인 회사 아이데오IDEO에서 근무하고 있다. 회사 경험을 바탕으로 인간 중심의 혁신 디자인 코치와 자문 위원으로 활동한다.

⌐ www.i2iexperience.com

앤디 워홀과 제2차 세계 대전의 영웅인 조지 패튼 장군 사이에 공통점이 있을까? 이 둘과 혁명가 체 게바라, 선구적 디자이너 버크민스터 풀러, 그리고 작가 버지니아 울프의 공통점은? 바로 일기를 썼다는 점이다.

다양한 직업군에 있는 사람들이 일기 쓰기 루틴을 가지고 있지만 개중에 창작자가 많다는 점은 흥미롭다. 위키피디아는 저명한 일기 작가 223명을 사전에 실었는데 그중 절반의 직업이 창작자였다. 일기를 매일 쓸 것 같은 작가는 물론이고 화가, 조각가, 과학자, 건축가, 디자이너, 음악가 등 다수의 직업이 포함되었다. 미국의 위대한 사진작가 에드워드 웨스턴은 약 30년 동안 하루도 빠짐없이 일기를 적었다.

이것은 우연의 일치가 아니다. 일기를 통해 우리는 위로를 받고 영감을 얻기도 한다. 요즘 일어나는 일들에 대한 통찰이 생기기도 하고 창작욕이 샘솟기도 한다. 단, 일기를 잘 활용한다면 말이다.

일기는 최고의 성장 파트너

창작자는 주로 혼자 일하기 때문에 아이디어를 포착하고 함께 발전시킬 동료가 없다. 하지만 팀이나 단체로 일하면 창의적 싹을 틔우고 기르는 데 필요한 개인 시간이 부족해진다. 또한 동료들에게 개인 사정이나 형편을 이해받기 어려운 경우도 많다.

일기는 그러한 공백을 채워 준다. 일기는 내 말을 절대 잊지 않을 분신인 동시에 자문관 역할도 한다. 일기가 없다면 혼자만의 시간도 없고, 흘러가는 생각을 강력한 아이디어로 영원히 잡아 둘 수도 없을 것이다.

일기라는 자문관이 하는 일은 상당히 많은데 그중 가장 단순한 것은 계획 세우기다. 《에드워드 웨스턴의 일기The Daybooks of Edward Weston》에는 새로운 기회를 잡기 위해 앞으로 해야 할 일에 주목하는 그의 모습이 고스란히 드러난다.

> 내 일기장과 사진첩에서 발췌한 것들은 《크리에이티브아트 Creative Art》 8월호에 실릴 것이다. (중략) 그건 나를 더 좋은 곳으로 데려다줄 행운의 여신 같은 기회다. 그러므로 이제부터 는 원고를 다듬는 데 내 남은 힘을 모두 써야 한다.
>
> 1928년 5월 23일, 에드워드 웨스턴

물론 웨스턴도 미래를 계획하기 위해 일기 대신 간단한 일정 표나 해야 할 일 목록을 활용할 수도 있었다. 하지만 행운의 여신을 언급한 부분에 주목해 보자. 단순한 일정표는 인생의 큰 그림이나 창작물을 되돌아보는 데 큰 도움이 되지 않는다. 목표를 위해 뜻하는 방향으로 잘 가고 있는지, 현재 위치는 어디인지, 그리고 이런 것들의 의미는 무엇인지 고민하고 파악하는 일은 일기를 통해서만 가능하다.

특히 일기는 기분 좋은 사건을 놓치지 않고 포착할 수 있는 훌륭한 수단이다. 《생각에 관한 생각》에서 심리학자 대니얼 카너먼은 경험에 대한 인간의 기억은 쉽게 왜곡될 수 있음을 언급하며 경험과 기억을 구별 지었다. 카너먼은 콘서트에 참석한 한 남자의 이야기를 예로 들었다. 남자는 콘서트 내내 열광했는데 사실 공연 중에 상당히 거슬리는 잡음이 들렸었다. 남자는 그 소리 때문에 콘서트를 망쳤다고 털어놓았지만 그건 사실과 달랐다. 분명 남자는 막이 내릴 때까지 콘서트를 즐겼기 때문이다. 망쳤다는 생각은 콘서트에 대한 '기억' 때문이었다.

매일 일기를 쓰면, 이후에 일어난 사건의 간섭으로 특정일의 경험에 대한 기억이 왜곡되는 것을 막을 수 있다. 그러므로 뭔가를 해냈다고 느끼는 바로 그 순간에 내용을 적어 두는 것이 좋다. 지적을 일삼는 의뢰인이나 호사가들이 말을 보태 당신의 성취감을 깎아내리기 전에 말이다.

이것이 일기를 쓰는 가장 큰 이유 중 하나다. 일기는 성장하는 기분을 생생하게 느끼게 해 주기 때문에 일하는 동안 기쁨의 원천이 된다. 다음의 일기에서 웨스턴은 자신의 사진 기술이 얼마나 향상됐는지 언급했는데 일기를 통해 더욱 풍부해진 그의 예술 세계를 엿볼 수 있다.

> 나는 내가 한 일 중 그다지 긍정적이지 않은 부분은 일기에 구구절절 쓰지 않는다. (중략) 내 사진 기술은 이제 내가 원하는 수준에 도달해 있다. 두 번인가 세 번 정도 마감 시한을 조금 넘긴 적은 있지만 결과물은 수정 없이 인쇄해도 될 정도였다.
>
> 1928년 5월 23일, 에드워드 웨스턴

조직에 속해 창의적 프로젝트를 진행하는 전문가 200여 명의 일기를 살펴보면 가장 강력한 원동력 하나를 찾을 수 있다. 자신이 가치 있는 일을 하면서 성장하고 있다고 느낀다는 것이다. 자신이 의미 있는 일을 하고 성장하고 있다는 기분이 들면, 외견상 '미미한 향상'일지라도 자신의 일에 더 몰입하고 행복해한다. 또한 즐겁게 일에 몰입하면 아이디어도 잘 떠오르고 문제가 생겨도 창의적으로 해결한다. 웨스턴이 자랑스럽게 언급한 "내 사진 기술은 이제 내가 원하는 수준에 도달해 있다"는 게 바로 이런 의미이다.

일기 쓰기로 얻을 수 있는 것들

크든 작든 아이디어를 떠올리고 실현하기 위해서는 사소한 걱정거리를 마음에서 덜어 내야 한다. 그래야 원하는 방향으로 성장하는 기분이 들고 아이디어가 열리면서 시야가 트인다. 다음에 소개하는 표 '일기의 선순환'에는 일기의 이러한 기능을 요약해 놓았다. 단, 당신이 일기를 제대로 활용해야 이것들을 얻을 수 있다.

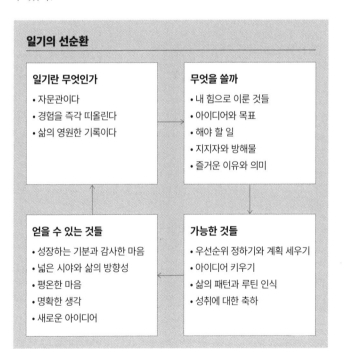

일기의 선순환

일기란 무엇인가
- 자문관이다
- 경험을 즉각 띠올린다
- 삶의 영원한 기록이다

무엇을 쓸까
- 내 힘으로 이룬 것들
- 아이디어와 목표
- 해야 할 일
- 지지자와 방해물
- 즐거운 이유와 의미

얻을 수 있는 것들
- 성장하는 기분과 감사한 마음
- 넓은 시야와 삶의 방향성
- 평온한 마음
- 명확한 생각
- 새로운 아이디어

가능한 것들
- 우선순위 정하기와 계획 세우기
- 아이디어 키우기
- 삶의 패턴과 루틴 인식
- 성취에 대한 축하

일기 쓰기 루틴을 만드는 법

규칙적으로 쓰기만 한다면 일기는 내 이야기를 듣기만 하는 자문관에 그칠 것이다. 우리는 대부분 일기 쓰는 것을 어려워한다. 처음 쓸 때는 더욱 그렇다. 19세기 스코틀랜드 작가 월터 스콧처럼 열렬한 일기 작가도 일기 쓰기를 어려워하기는 마찬가지였다.

> 이틀이나 사흘 정도 깜빡하고 일기를 안 쓴 날에는 일기를 써야 한다는 생각에 마음이 무거웠다. 하지만 그 뒤로 한 달 하고도 며칠이 넘도록 공백을 채우지 못했다.
>
> 1829년 1월 1일, 월터 스콧

일기 쓰는 습관은 단순하게 들이는 것이 가장 좋다. 그래야 일기 쓰기가 점점 수월해지고 동기 부여도 잘 된다. 소소하게 시작하면 된다. 지금부터 죽을 때까지 꼭 써야지, 맹세하듯 쓰는 것이 아니라 한 달만 매일 열심히 써 보는 것이다. 스콧의 사례처럼 하루를 거르기 시작하면 다음 날도 거르기 쉽다.

자신을 위해 10분 정도 투자할 수 있는 시간대를 정하라. 루틴을 만들려면 매일 같은 시간, 같은 장소가 이상적이다. 그리고 기억할 만한 계기를 만들어야 잊지 않는다. 온라인 일기 프로그램의 알람을 매일 날아오는 독촉장처럼 활용하라. 그렇지 않으면 머리맡에 일기장과 펜만 덩그러니 있을지 모른다. 일기 쓰기를 즐길 수 있다면 도구는 그다지 중요하지 않다.

일기 쓰기의 또 다른 장애물은 쓸거리에 대한 고민이다. 월터 스콧은 자신의 일기에 이런 내용도 적었다.

> 한 달 넘게 별다른 일이 없었다. 하루하루 일도, 소일거리도 똑같다. 펜을 잡는 마음이 울적하다. 같은 날이 무한 반복되는데 그걸 글로 적을 필요가 있을까. 젠장! 그래도 지는 건 싫다. 더 나은 나를 위해 가는 데까지 가 보자!
>
> 1829년 1월 1일, 월터 스콧

아무 일도 안 일어났다고 느껴질 때는 일기에 무엇을 써야 할까? 그런 날에는 하루를 돌아보며 평소와 달리 눈에 띈 것들에 대해 적으면 좋다. 혼수상태로 하루를 보낸 것이 아니라면 '무슨 일'이라도 일어났을 것이다.

특별한 공식은 없다. 유명 일기 작가들도 온갖 것들에 눈길을 돌렸다. 다만 하루를 곰곰이 돌아보면 일기 쓰기에 도움이 된다는 사실이 우리의 연구 결과를 통해 드러났다. 아래 내용으로 일기를 써 보는 것도 추천한다.

- 몰두하는 일에서 미미하더라도 향상된 점들

- 내 발전에 긍정적, 부정적 영향을 준 인물이나 사건

- 목표와 계획, 특히 미래를 키우는 계획

- 머릿속을 복잡하게 만들고 스트레스를 부르는 문제들

- 소소하게 즐거움이나 만족감을 주는 것들

지난 일기 속에서 성장 패턴을 찾아라

하루를 반추하고 글 쓰는 행위 자체가 유익하긴 하지만 지난 일기를 자주 들여다보는 것도 일기의 힘을 증대시키는 방법이다. 지난 삶이 말해 주는 것들을 들을 자세가 되어 있다면 말이다. 한 달에 한 번 정도 주기적으로 편한 시간을 내서 일기를 다시 읽어 보라. 그리고 새해 첫날에는 연례행사처럼 작년 일기를 한번 죽 훑어보라. 일기를 보며 뒤늦게 깨달은 통찰에 흐뭇할 수도 있고, 찾고 있던 내용을 발견해 뿌듯할 수도 있다.

최근 떠오르는 패턴을 날카롭게 포착하고 그때그때 일기에 적어 두면 좋다. 유난히 성과가 좋거나 몰입했던 프로젝트가 있었나? 구체적으로 말하면 어떤 일에 가장 가치를 느끼는지, 남들과 차별화된 프로젝트는 어떤 유형이었는지 파악하는 것이다. 동기 부여가 유난히 잘됐던 일들, 열정을 쏟은 일이 잘된 경

1장 자기 일의 능력자가 되게 해 주는 루틴의 힘

험은 일기 속에 그 단서가 있다.

발전시킬 만한 아이디어가 있었는데 까맣게 잊고 지내지는 않았는가? 이는 그 아이디어를 떠올린 순간부터 뭔가 배울 점이 있었다는 암시이거나, 이제 세상이 달라져 그 아이디어가 빛을 볼 것이라는 암시이기도 하다.

일기 속에서 개인적으로나 업무적으로 성장하는 내 모습을 더듬어 보라. 어렵게만 느껴졌던 일들을 하루하루 이루며 지냈을 것이다. 나아진 내 모습을 보는 것도 효과적인 동기 부여가 된다. 일기에서 되풀이되는 문제와 걸림돌을 발견해 해결책을 찾아라. 당장 다음 날 써먹을 단기적 대책을 세울 수도 있고 다음 달에 실천할 장기적 대책을 세울 수도 있다.

마지막으로 잠깐이라도 시간을 내서 그간 향상된 실력과 지원군들에게 감사하는 마음을 가져라. 그간 일군 빛나는 성취를 누리는 시간도 가져 보라. 일기는 당신의 인생이다. 일기를 음미하라. 매일의 이야기 가닥을 엮어 지금까지 해낸 것들, 변화하는 자신의 모습으로 풍성한 태피스트리를 만들어라. 그 태피스트리에는 인생의 흐름이 선명하게 보일 것이다. 그리고 가장 멋진 부분은 인생과 자신의 변화를 적극적으로 만들어 감으로써 완성될 것이다.

"자기 일의 능력자가 되게 해 주는 루틴의 힘" 사용법

결과 중심 마인드셋을 버려라

실수를 너그러이 받아들여라. 결과적으로 잘하려는 욕심, 똑똑해 보이려는 욕심을 내려놓고 성장에 도움이 되는 흥미로운 과제 해결에 몰두하라.

탁월함을 위해 전력 질주하라

방해받지 않고 중요한 일이나 과제에 온전히 전력 질주할 수 있는 고정 시간을 확보하라. 그러고 나서 보상으로 휴식을 취하라.

OK 고원을 넘어서라

새로운 기술을 개발하려면 어려운 부분을 집중적으로 공략하라. 이것은 웨이트 트레이닝 도중 온몸이 타는 것처럼 힘이 들 때 한 번 더 역기를 들어 올리는 것과 같다.

피드백을 갈망하라

피드백을 얻을 수 있는 방법을 구상하라. 다양한 객관적 시각을 견지하거나 코치를 구하라. 피드백은 성장과 배움을 위한 더할 나위 없는 기본 요소다.

루틴 만들기를 습관화하라

한 달에 루틴 하나씩만 개선하라. 훌륭한 루틴이 자동으로 발휘된다면 힘들이지 않고도 최고의 기량을 선보일 수 있다.

일기 쓰기는 성장의 동력이 된다

하루에 단 몇 분이라도 일기를 쓰면서 향상된 내 모습을 따라가라. 일기 쓰기 루틴을 통해 성장의 걸림돌을 발견하고 일상의 패턴을 알아채며 성과를 기록으로 남길 수 있다.

꼭 필요한
네트워크를 만드는 루틴의 힘

팀과 협업 관계를 구축해 일의 완성도를 높이는 법

시인 존 던이 "인간은 섬이 아니다"라고 쓴 것처럼, 우리는 고독한 천재에 대해 환상을 품고 있지만 그것은 허상일 뿐이다. 실제로 아무것도 없는 진공 상태에서 자라는 사람이나 아이디어는 없다. 인간관계와 팀워크, 그리고 협업은 개인의 행복과 직업적 성취의 필수 요소다.

간단히 말해 기회는 사람 사이에서 흐른다. 만약 당신이 일자리를 찾는다면 당신을 고용할 사람이 있어야 한다. 사업을 시작할 자본금을 구하려면 먼저 투자자를 찾아야 한다. 제품을 팔려면 고객이 필요하다. 우리는 일의 어느 단계에서든, 원하는 기회나 성장 정도와 무관하게 우리를 앞으로 끌어 줄 인간관계에서 도움을 받아야 한다.

우리의 능력을 이루기 위해서는 꾸준하게 지속적으로 여정을 함께할 동반자를 찾고, 동료와 의뢰인의 솔직한 피드백을 너그럽게 받아들이며, 참신한 시각을 지닌 팀을 조직하고, 관용과 진심으로 지인을 대해야 한다. 공동 창작이 흔한 세상에서 우리의 성취도는 우리 주변 사람이 결정한다.

도움을 청할 줄
아는 사람이 이긴다

슈테펜 랜다우어 Steffen Landauer

시티그룹Citigroup에서 최고 교육 책임자로, HP와 골드만삭스에서 리더십 개발 책임자로 일했으며 현재 글로벌 리서치 기업 에버코어Evercore에서 역량 개발 책임자로 일하고 있다.

⬀ www.linkedin.com/in/steffenlandauer

대다수의 창작자는 흔히 자신의 작품을 자기 혼자만의 노력의 산물로 생각한다. 그들은 누군가의 도움을 받는것보다 자기를 내버려 두는 것을 더 고맙게 생각할 것이다. 물론 많은 사람이 가끔은 혼자 있는 시간을 원한다. 펜을 들거나 키보드 앞에 앉는 것도 오롯이 내 몫이다. 그리고 창의적 영역에서 최고의 기량이 발휘될 때에는 집단보다 개인의 무한한 상상력이 바탕이 되는 경우가 많다.

"정말 위대하고 영감을 주는 작품은 자유롭게 일할 수 있는 개인에게서 탄생한다." 이런 아인슈타인의 말을 창작자들은 칙명처럼 삼는다. 하지만 이러한 태도를 지나치게 고수하면 창작물의 발전에 도움이 될 수 있는 귀중한 손길을 놓칠 수 있다.

도움을 주고받을수록 더 탁월해진다

예전에 유명 이야기꾼 제이 오캘러핸Jay O'Callahan이 이끄는 스토리텔링 워크숍에 참석한 적이 있다. 당시 나는 아프리카, 아시아, 파타고니아를 거치는 긴 여행을 마치고 그 경험을 글로 옮기는 데 도움을 구하던 참이었다. 처음 만난 10여 명과 일주일 동안 다양하고 소소한 활동을 함께했고 떠오르는 생각을 나눴다. 가령 2분 동안 인상적이었던 자신의 경험을 소개하는 식이었다. 각자 미리 준비한 이야기도 공유했다. 내 여행담처럼 개인적인 이야기부터 전 세계의 민담까지 다양한 이야기가 오고 갔다. 워크숍 내내 거대한 화학 작용을 경험한 우리는 6개월 뒤에 다시 뭉치자고 약속했다. 우리의 만남은 이어지고 또 이어졌다. 우연히 형성된 모임이 지속되자 다들 신기해했다. 최근 우리의 마흔 번째 모임은 20주년을 기록했다.

나는 이 모임의 회원 같지 않은 회원이다. 조직된 집단을 다소 경계하기 때문이다. 나는 일대일 만남이 편하고 혼자만의 시간을 즐기는 편이다. 당시 구상한 이야기도 3년간 홀로 떠난 세계 일주에 관한 내용이었다. 하지만 지난 20년을 돌이켜보면 이 모임이 나와 다른 회원들에게 얼마나 유용했는지 감사한 마음이 든다.

이러한 도움은 다양한 모습으로 나타났다. 각자의 목표를 이룰 때나 글을 쓸 때 귀한 길잡이가 되어 주었다. 일이 잘 풀리지 않을 때는 힘이 되었고, 안간힘을 쓰며 고군분투할 때는 용기가 되었다. 종종 그런 길잡이는 직접적이고 구체적이다. 파타고니아 여행기를 구상할 때 무진 애를 썼던 기억이 있는데 그때 누군가 내게 여행의 제일 흥미로운 부분, 드넓은 불모지에서 느끼는 두려움과 인생의 허무함은 일부러 다루지 않는 거냐고 물어봐 주었다.

최근에도 이 모임을 다녀왔다. 모임을 마치고 길을 나설 때면 기운이 났고 우리가 서로를 위해 할 수 있는 것이 얼마나 많은지에 감동했다. 그렇다면 평소에는 왜 이보다 더 놀라운 일이 일어나지 않는 걸까? 열정적으로 프로젝트를 수행하는 사람들에게는 특히 더 그렇다. 우리가 다른 사람 일을 돕는 것에 무심

2장 꼭 필요한 네트워크를 만드는 루틴의 힘

해서일까? 도울 능력이 없어서일까? 아니면 부탁하는 것을 꺼려서일까?

원하는 도움을 얻을 수 있는 5가지 방법

나는 기업 관련 일을 하는데, 기업을 세계 최고로 만들기 위해 학습을 최대한 활용하는 임무를 맡고 있다. 그 일은 많은 면에서 스토리텔링 워크숍과 차이가 있지만 의외로 아주 유사한 부분도 있다. 먼저 본질에 대하여 흔한 질문을 던져 보자. '다른 사람이 내 일과 성장에 도움이 된다면 그 진가를 어떻게 파악할 수 있을까?'

기업에서는 개인 역량에 대한 평가가 점점 늘고 있다. 임원 코칭 과정이 급증하는 현실이 그 증거이며, 이는 개인의 잠재력을 끌어올리는 데 타인의 비판적 역할이 도움이 된다는 것을 전제로 한다. 다른 사람은 전문 코치 또는 동년배 코치가 될 수 있고 그게 아니라도 실용적인 피드백을 제공하는 조력자가 될 수 있다. 요즘 유행하는 다면 평가를 예로 들 수 있다. 기업 측에서 해당 직원의 최측근에게, 해당 직원의 잠재력을 끌어올리는 방법에 대한 조언을 하도록 청탁하는 것이다.

하지만 예술가들은 많은 시간을 작품 활동에만 전념할 뿐 코치도 없고 정기적인 피드백도 없다. 이런 사람들은 다른 사람의 도움을 얻기 위해 아래의 행동을 참고하여 습관으로 삼으면 좋을 것이다.

끊임없이 조력자를 찾아라: 나는 스토리텔링 모임이 결성되고 유지되면서 뜻밖의 행운을 얻은 기분이었다. 하지만 조력자를 구하기 위해 군이 우연을 찾아 나설 필요는 없다. 공동의 목표를 수행하면서 당신이 원하는 최고의 조언자와 실질적 도움을 얻을 수 있을지는 모르나, 성가신 일들을 처리해야 하는 수고 또한 요구된다. 너무 낯설고 동떨어진 조언을 얻다 보면 그것을 파악하려고 또 다른 조언을 찾아 나서야 할 수도 있다.

얻고자 하는 조언과 상관없이 조력자를 고르는 중요한 하나의 기준이 있다. '당신에게 진실을 말하는 사람인가?' 이러한 기준에 적합한 상대를 고르는 데 어려움을 겪는 이유는 많다. 당신의 부실한 인간관계 탓일 수도 있고, 상대가 조언을 할 만한 입장이 아니거나 성격에 맞지 않을 수도 있다. 무엇보다 당신과 함께 식사하거나 술자리를 갖는, 더없이 완벽해 보이는 사람 대다수는 이상적인 조력자가 아닐 가능성이 높다. 당신이 그토록 찾던 조력자에게는 구체적 조언을 구하고 그 외의 '들러리'에게는 괜찮은 조언을 찾기 전까지 배울 점만 취하라.

부담을 버리고 부탁하라: 기본적으로 창작을 고독한 작업으로 여기고, 도움 요청을 나태와 비겁의 산물로 생각하는 사람들에게는 부탁하는 행위 자체가 부담스러울 수 있다. 당신이 이런 부류의 사람이었는데 이런 성향을 고치려고 마음먹었다면 2가지 놀라운 사실을 마주할 것이다. 첫째, 대개 사람들은 기꺼이 도와주려고 한다. 둘째, 도움을 받으면 생각보다 훨씬 유용하다. 하지만 무엇보다 선행되어야 할 것은 도움을 청하는 일이다. 부탁했을 때 최악의 상황이라고 해 봤자 상대가 부탁을 거절하거나 한 귀로 흘려도 될 만한 시원찮은 조언을 하는 정도다.

공동의 협력 시스템을 구축하라: 한 번의 만남으로 원하는 부분이 채워진다면 그 자체로 문제가 해결된 것이다. 하지만 타인의 개입이 많아질수록 더 유익할 때가 있다. 내가 했던 스토리텔링 모임은 1년에 두 번 정기적으로 이뤄졌고 이러한 시스템은 구성원들에게 좋은 영향을 끼쳤다. 또한 모임 내 소모임도 활성화됐다. 두 그룹의 구성원들은 격주로 만나 1시간 30분 동안 코칭 시간을 가졌다. 시간을 공평하게 배분해 구성원 각자는 골고루 상대의 조언을 얻을 수 있었다. 모두에게 유용했기에 이러한 형식은 몇 년 동안 이어졌다. 전문적인 임원 코칭의 경우 이러한 시스템은 대개 한 달 간격으로 이뤄진다.

이처럼 정기적으로 공동 협력 시스템을 갖춰 놓으면 유익하다는 것이 핵심이다. 정해진 틀을 답답해하는 유형이 아니라면, 상대방의 눈과 귀를 활용하는 노력은 효과적일 것이다.

'책임 파트너' 관계를 만들어라: 이를 위해서는 몇 가지 중요한 것이 있다. 첫째, 당신 일의 목적과 상태를 체크해 줄 조력자가 필요하다. 그 조력자는 당신의 목표를 명확히 하도록 도와줄 것이고, 필요할 때마다 그 목표를 상기시켜 주고 달성할 수 있도록 힘을 보태 줄 것이다. 둘째, 책임 파트너 관계가 오래가려면 호혜가 바탕이 된 파트너십이 필요하다. 이미 결성된 모임이거나 한 달이라는 제한된 기간만 유지할 관계라면 필요 없겠지만 말이다.

마지막으로, 비슷한 성향보다 반대 성향의 사람들끼리 더 끈끈한 유대감이 형성되는 경우가 많다. 그러므로 당신과 비슷한 부류의 사람을 찾으려는 '편한 덫'은 피하라. 플라톤의 《국가》속 호위병들도 시인에게 가르침을 받았다. 나와 완전히 다른 사람의 시각은 유익하다. 때로는 그들의 시각에서 진리를 발견하고 변화를 얻을 수 있다. 그게 아니라도 내가 받는 스트레스 정도를 파악하거나 결심을 굳건히 하는 계기가 될 수 있다.

상대의 장점을 부각하라: 각자의 활동 중에서 잘 풀리는 일이나 강점을 최대한 구체적으로 피력하면 큰 도움이 된다. 앞에서 소개한 스토리텔링 모임에서 처음 주고받은 피드백은 '감상'의 형태였다. 우리는 창작자가 들으면 가장 기분 좋을 만한 표현만 골라서 말해 주었다. 우리는 상대의 작품을 보고 수정해야 할 부분이나 개선점부터 파악하려는 성향이 있었지만 이러지 않으려고 좋은 말만 해 주는 방식을 만들었다. 스토리텔링이나 각자의 일은 물론이고 자기 자신을 위해서도 최상의 방향은 서로의 강점을 눈여겨보고, 늘려 나가는 것이다.

자신과 타인의 이야기를 발전시켰던 20년간의 스토리텔링 모임을 통해 배운 가장 강렬한 깨달음은 창작자 개인의 힘이었다. 스토리텔링도, 어떤 목표에 대한 것도 아니었다. 개인이 만들어 가는 이야기, 삶에 대한 깨달음이었다. 대다수의 창작자는 자신의 일을 개인의 일로만 한정시킨다. 하지만 잠재력을 최대한 끌어올리려면 이러한 생각에 변화를 줄 필요가 있다.

당신은 다른 사람이 선뜻 내미는 도움의 손길을 잘 활용하는가? 더 중요한 것은, 당신은 도움이 필요한 사람에게 당신의 능력을 기꺼이 제공하는가?

"

빨리 가려면 혼자 가라.
멀리 가려면 함께 가라.

_아프리카 속담

"

인간관계에
탄력성을 더하라

마이클 번게이 스태니어 Michael Bungay Stanier

임직원 코칭 기업 박스오브크레용Box of Crayons의 설립자이자 선임 파트너.
《패스트컴퍼니》《파이낸셜타임스》《글로브앤메일》 등의 매체에 기고했다. 저
서로《좋은 리더가 되고 싶습니까?》, 공저로《엔드 말라리아》가 있다.

⤤ www.boxofcrayons.biz

처음에 어떤 일을 시작할 때는 순조롭다. 팀에 새로운 직원을
영입할 때나 새로운 프로젝트에 합류할 때, 새로운 공급처와 손
을 잡을 때는 일이 별 탈 없이 굴러간다. 처음 만나는 사람들도,
일도 낯설지만 기꺼이 잘 해내려고 한다. 많은 이가 이렇게 자

신한다. "기왕 시작했으니 이제 뭔가 멋지고, 어마어마하고, 즐겁고, 생산적인 일들이 펼쳐질 거야. 그리고 무엇보다 이 일은 성공할 거야."

하지만 아니나 다를까 상황은 달라진다. 영입한 직원은 당신의 기대만큼 빠릿빠릿하거나 야무지지 않으며 경험도 부족하다. 새로 들어온 상사는 권위적이거나 괴상하거나 결함투성이다. 새로운 공급업자는 명백히 계약한 내용을 깨기 시작한다. 각각의 상황은 달라도 어디든 걸림돌은 있다.

- 상대 또는 당신이 오해하는 경우
- 상대 또는 당신이 일을 지나치게 혹은 부족하게 하는 경우
- 상대 또는 당신이 지켜야 할 선을 넘는 경우
- 상대 또는 당신이 비생산적인 방향으로 가는 경우
- 상대 또는 당신이 미쳐 버릴 지경에 이른 경우

이런 일들은 '만약'의 문제가 아니라 '언제' 일어나는지의 문제다. 힘차게 시작하지 않는 관계도 없고, 어느 시점에 이르렀을 때 선로를 벗어나지 않는 관계 또한 없다.

물론 심각한 문제는 아니다. 이런 게 인생이니까. 잠시 웅덩

이에 빠졌더라도 어떻게 빠져나올지에 당신의 성공이 달려 있다. 완전무결한 관계를 맺으라는 말이 아니다. 그것은 환상에 가까우니까. 다만 애초에 관계를 맺을 때 탄력적인 기반을 마련하라는 뜻이다.

완벽한 관계를 맺기 위해 던져야 할 질문들

관계를 회복하고 문제를 수습하고 상황을 멋지게 만들 최적의 시기는 사회적 합의를 이룰 때다. 경영 사상가 피터 블록은 자신의 책《완벽한 컨설팅》에서 이와 관련된 훈련법을 소개했다.

사회적 합의의 핵심은 이것이다. 밝혀내고 해결해야 할 문제가 '무엇'인지 생각할 것, 그리고 문제를 발견한 뒤에는 동요하고 초조해할 게 아니라 우리가 '어떻게' 관계를 맺고 함께 일할 것인지에 시간과 공을 들이는 것이다.

당신은 일하면서 맺게 되는 관계에 '어떻게' 차별화를 줄 것인지 고민해야 한다. 이해를 돕기 위해 5가지 기본 질문을 준비했다. 모든 질문을 다 할 필요는 없다. 상대방과 상황을 고려해서 가장 적합한 질문을 만들어 내면 된다. 반드시 질문을 던진 후에 일을 시작하는 루틴을 만들기를 바란다.

사회적 합의가 잘 이뤄지려면 상호 소통이 잘되어야 한다. 따라서 당신이 질문만 하는 입장이라는 생각은 버려라. 당신 또한 상대방의 질문에 진정으로 응해야 한다. 그래야 당신과 파트너 둘 다 문제가 될 만한 지점을 파악할 수 있다.

원하는 것은 무엇인가?("내가 원하는 건 이것이다"): 이 질문은 그 자리에서 상대를 얼어 버리게 만든다. 대답하기 상당히 어려운 질문이지만 상대와의 관계에서 얻고자 하는 바를 명확히 한다면 강력한 원동력이 된다.

물론 당신은 업무의 성격을 명확히 하길 원할 것이다. 상대와의 관계가 이번 일을 잘 마무리하는 선에서 그치길 원하는지, 다른 일에도 이어지길 원하는지 말이다. 더 나아가고 싶다면 이런 대화를 나눌 수 있을 것이다. '더 원하는 게 있는가?("이 일이 잘돼서 다음 승진에 반영됐으면 좋겠다")' '관계 발전에 또 뭐가 도움이 될까?("이번 일을 계기로 다음에도 함께 일했으면 좋겠다")'

어느 시점에 도움이 필요할까?("이때쯤 도와주면 좋겠다"): 이 질문은 '원하는 것은 무엇인가?'의 변형으로 다른 각도에서 접근하는 질문이다. 당신은 본인이 어느 지점에서 실수할지(용기 내서), 얼마나 부족한지(좀 더 용기 내서), 심지어 일의 성공에 방해가 되는 것은 아닌지(정말 용기 내서)를 구체적으로 알고 싶을 것이다.

나는 사람들에게 누누이 강조한다. 상대의 도움은 의사 결정의 장애물이 아니며 가시적인 업무 향상을 위해, 그리고 일의 세부 내용에 관심을 지속시키는 측면에서 반드시 필요하다고 말이다.

과거에 일로 만난 상대와 소통이 잘된 때에는 어땠는가?("나는 이런 일을 경험했다"): 지금 하려는 일과 업무상으로 비슷한 관계를 맺었던 경험을 떠올려 보라. 단, 꽤 괜찮았던 경험을 생각하라. 상대방은 어떻게 행동했으며, 당신은 어떻게 행동했나? 또 무슨 일이 있었나? 중대한 결정의 순간은 언제였으며, 당신이 선택한 길과 아닌 길은 어땠는가? 일을 성공으로 이끈 다른 요인은 없었는가?

더 대담하게 질문한다면, 이렇게 물을 수 있다. "일을 시작할 때 어느 정도 주도권을 잡고 있다는 느낌이 들었는가?" 이는 관계의 사각지대에 빛을 비추는 질문이다. 관계에서 지배력과 영향력이 어떻게 작용하는가를 암시하기 때문이다.

일이 잘못됐을 때 당신의 입장은 어땠는가? 어떻게 행동했는가?("나는 이렇게 행동했다"): 이번에는 좀 다른 이야기를 해 보자. 업무상으로 비슷한 관계를 맺었던 경험 중 안 좋은 상황으로 치달았을 때를 떠올려 보자. 지옥 같은 상황에 떨어졌을 수도 있고 좋았던 관계가 파탄 났을 수도 있다. 그때 당신은 어떻게 행동했고 상대는 어떻게 했나? 좋은 기회를 놓친 지점은? 일이 어긋난 순간은?

일이 삐걱대기 시작할 때 당신이 취할 수 있는 행동을 가능한 명확히 표현하라. 침묵으로 일관할 것인가? 분노를 표출할 것인가? 주도권을 잡고 사소한 일까지 일일이 관여할 것인가? 상대에게 떠넘기고 상황을 회피할 것인가?

지난날 뜨거운 쟁점으로 떠올랐던 부분도 간추려 보라. 당신이 처할 만한 사소한 상황은 무엇인가? 이메일 회신을 못 받았던 상황? 다른 사람들이 회의에 늦었을 때? 출근 기록을 정시에 하지 못한 것? 충고를 듣고 나서야 질문의 핵심을 파악한 것? 오타와 문장 부호 실수? 상대의 짜증을 유발할 거리는 많다. 그러므로 서로가 상대의 민감한 부분을 파악하고 있으면 불만을 덜고 일할 수 있다.

불가피하게 상황이 안 좋아졌을 때는 어떻게 헤쳐 나가야 할까?: 이 질문은 이중적 가치를 지닌다. 일단 당신은 현실을 인식하고 있다. '상황이 나빠질 것이다. 초기의 우호 관계는 끝났다. 약속은 깨졌다. 타협은 어렵다.' 하지만 이것들을 회의 테이블에 올리면 현재 상황에서 세울 만한 계획을 논의할 수 있다.

나는 지금까지 일종의 암호문("당신에게 '할 말'이 있어요")을 활용해서 중요한 일을 처리해 왔다. 일하는 도중에 일시 정지 버튼을 눌러야 할 때, 해야 할 일에 대한 대화를 가볍게 시작하자는 의미에서 상대에게 사인을 보낸 것이다.

질문은 답보다 힘이 세다

답을 듣고 공유하는 것은 흥미롭고 통찰력 있고 유용하다. 하지만 아이러니하게도 실제 대화에서 우리가 가장 주목해야 할 것은 대답이 아니다. 당신이 불가피한 문제 상황을 알고 있고 용인한다는 것을 질문이 보여 준다는 사실이 더 중요하다. '어떻게 일할 것인가'에 대해 지금 대화하는 것은 훗날 어떤 문제가 틀어지기 시작할 때 '어떻게 일할 것인가'에 대한 대화가 가능하도록 만든다.

그렇다고 해서 많은 사람이 이런 대화를 하는 것은 아니다. 자연스럽게 할 수 있는 대화가 아니기 때문이다. 누군가에게는 (그게 당신이 될 수도 있다) 대화의 흐름을 끊거나 대화에서 잠시 빠졌다가 다시 참여하는 데에 엄청난 용기가 필요하다. 당신은 대화하다가 다소 어색해지는 상황을 감수해야 할지도 모른다. 그것은 상대도 마찬가지다.

일과 관련해 새로운 관계를 맺기 시작했다면 지금 당장 사회적 합의를 통해 빈틈없이 탄력적 기반을 마련하라. 이미 상사, 팀, 고객, 공급자 등 업무적으로 얽힌 관계가 많다면, 이들 관계에도 튼튼한 탄력적 기반을 마련하는 것이 중요하다. 당신이 몰두한 것들에서 한 걸음 물러나 '어떻게 일할 것인지'에 대한 대화로 그들을 초대하라.

"

우리의 신경을 건드리는 타인의 모든 것이

우리 자신을 이해할 수 있게 한다.

_칼 융Carl Jung

"

Q&A

인맥을 쌓을 때
주의해야 할 것들

서니 베이츠 Sunny Bates

인적 네트워크 개발 전문가. 킥스타터Kickstarter, 테드TED, GE, 크레디트 스위스Credit Suissue, 엠티비, 미국과학아카데미National Academy of Sciences, 가디언Guardian, 테크스타TechStars 등 전 세계 유수 조직을 상대로 연결과 갈등 해소에 대한 컨설팅을 하고 있다.

⌐ www.sunnybates.com

서니 베이츠는 세계 최고의 연결자Connector다. 그녀는 킥스타터, 테크스타, GE, 테드 등 25년 넘게 여러 회사에서 전략 고문과 큐레이터, 연결자 역할을 했다. 일반적으로 메시지가 매체라면, 그녀의 매체는 사람이다. 그녀는 개인의 주변 사람들, 그리

고 개인이 그들과 맺는 관계 방식이 성장 잠재력을 끌어올리는 가장 중요한 요소라고 믿는다. 우리는 올바른 인간관계를 저해하는 주요 방해물이 무엇인지, 그리고 거래가 아닌 관용으로 관계를 가꾸는 세심한 접근 습관에 대해 서니 베이츠와 이야기를 나눴다.

Q. 사람들이 타인과 관계를 맺고 인맥을 쌓을 때 가장 고심하는 부분은 무엇인가요?

부탁하는 거예요. CEO를 비롯해 어느 지위와 분야를 막론하고 사람들은 부탁하는 것을 꺼립니다. 하지만 나는 이런 시각이 아주 협소하다고 생각해요. 그들은 무슨 일이 생겨도 비슷한 업계의 사람들에게만 도움을 구하거든요. 하지만 네트워크 이론의 핵심은 약한 유대 관계예요. 친구의 친구, 그 친구의 다른 친구 같은 사람들 말이에요. 이런 사람들이야말로 내부 집단에 속한 친한 친구나 동료보다 당신 인생에 소중한 기회를 물어다 줄 가능성이 커요.

Q. 부탁하는 것을 겁내는 사람들에게 한마디 조언해 주세요.

당신이 도움을 청하지 않으면 아무도 당신을 도와주지 않아요. 때로는 약간의 도움을 받을 수 있겠죠. 하지만 부탁하지 않고는 당장 도움이 필요한 때에 도움받기 어려워요. 혼자 모든 것을 다 할 수 있다는 생각을 버리세요. 우리는 만물이 연결된 사회에 살고 있어요. 부탁을 들어줄 수 있는 사람이 있는데 그들과 관계를 맺지 못한다면 진공 상태에서 일하는 것이나 마찬가지예요. 당신한테 손해죠. 결국 그 상황에서 당신은 인생의 쓴맛을 보게 될 거예요. 동료만 뭔가 해내거나 승진하는 모습을 보게 될 테니까요. 그러면서 이렇게 말하겠죠. "나도 그 일을 할 수 있는데…… 왜 나만 이 모양이야?"

우리는 다른 사람이 나를 알아봐 줄 거라 착각해요. 다른 사람이 당신을 기억한다면 먼저 연락할 것이고, 뭔가를 물어보거나 요구하기도 하겠죠. 하지만 사람들은 생각보다 기억력이 나빠요. 여러 해 동안 헤드헌터로 일하면서 늘 신기했던 점이 하나 있었어요. 지원자 중 합격한 20퍼센트는 의뢰한 기업에 이미잘 알려진 인물이었다는 점이에요. 미리 생각해 둔 사람을 뽑은것은 아니었어요. 이는 지인 5명 중 1명은 당신에게 영향을 주거나 당신의 고용인이 될 가능성이 있다는 뜻이에요. 이런 사실을 알면 인간관계를 넓혀야겠다는 생각이 들 거예요.

Q. 인맥을 쌓는 게 왠지 가식처럼 느껴지거나 거래하는 기분이

든다는 사람들에게 어떤 말을 해 주고 싶나요?

인간관계의 기본 정신은 관용이에요. 눈에는 눈, 이에는 이처럼 "내가 너에게 세 개를 주었으니 너도 나한테 세 개를 줘야 해"가 아니라 사람을 사귈 때 너그러운 마음으로 대하면 훨씬 크게 될 수 있어요. 그리고 다른 사람을 알아 가는 과정이 부담스럽다기보다 즐거운 일이 될 수 있어요. 사람 사귀기는 정원을 가꾸는 일과 비슷해요. 당신의 정원이 하나의 색이나 하나의 식물로만 이루어지는 것을 원치 않듯 인간관계도 마찬가지예요. 당신은 다양한 세대와 사회적 지위, 직업, 열정을 가진 사람들과 관계를 맺고 잘 이어 가고 싶을 거예요.

Q. 다른 사람에게 접근하는 특별한 전략은 무엇이 있을까요?

당신이 속한 분야에서 가장 존경하는 사람을 유심히 관찰하세요. 그리고 말 그대로 전략을 짜는 거예요. 당신이 인정하는 기업에 일을 뛰어나게 잘하는 사람이 있다고 해 봐요. 일단 그들과 접촉해야 해요. 이를 습관화하여 일주일에 한 명한테만 연락해도 1년에 52명을 새로 알게 되는 거예요. 이렇게 접근하는 거죠. 당신에게는 그들의 업적을 흠모하고 감명을 받았다는 명분이 있으니까요. 아무리 유명한 사람이라도 진심 어린 칭찬을 마다하는 사람은 없어요. 일에 관한 러브레터는 언제나 효과가 있어요.

Q. 그렇게 시작한 관계를 어떻게 유지하죠?

부탁할 때는 원하는 것을 분명히 밝혀야 해요. 인맥을 원하나요? 조언을 구하나요? 인맥과 조언을 모두 얻었으면 좋겠고 종종 연락해서 궁금한 것도 물어볼 건가요? 이런 부탁들이 타당한지 판단하는 가장 좋은 방법은 뒤집어 생각하는 것이에요. 어떤 사람이 당신에게 다가와 정확히 같은 내용을 요청한다면 기분이 어떨까요? 거부감이 없다면 그 부탁은 해도 좋아요. 다소 불쾌하다면 괜찮은 느낌이 들도록 부탁 내용을 약간 수정하세요.

Q. 함께 커피 한잔하는 것 외에 상대방과 정말 친해질 수 있는 다른 방법이 있을까요?

보통 창작자는 광고 대행업자처럼 하나의 본업을 가진 사람이 많아요. 하지만 그들의 부업이야말로 가장 좋아하는 일인 경우가 많죠. 그게 뭔지 알고 싶으면 상대의 관심사와 이어질 기회를 만드세요. 종종 사람들은 링크드인 식의 관계 맺기를 시도합니다. "어머, 저와 같은 일을 하시네요." "같은 일을 하는 사람끼리 친하게 지내요." 그러면 가끔 이런 대답이 돌아와요. "아니요, 정확히 똑같은 일을 하진 않아요. 난 내 직업을 싫어하거든요."

Q. 도움을 준 사람에게 보답하는 것은 어떻게 생각하세요?

사람들은 부탁이나 호의를 청할 때 일종의 상호주의를 드러내기 위해 "제가 뭐 도울 건 없을까요?"라고 물어야 한다고 생각해요. 물론 이런 물음은 아주 적절하며 중요하죠. 단, 진심을 담아야 합니다. 나는 사람들이 이 질문을 대화 맨 끝에 붙일 때보다 대화 도중에 자연스럽게 꺼낼 때 더 고마움을 느껴요. "아, 당신도 내게 부탁했으니 나도 부탁 좀 할게요." 이런 태도는 신세를 졌고 은혜를 갚아야 한다는 마음, 더 나아가서는 관대함을 벗어나 거래 관계로 몰고 가기에 딱 좋아요.

Q. 특히 창작자와의 관계에서 알아 두면 좋을 게 있을까요?

창작자 중에는 작더라도 반짝거리는 가치를 사랑하는 사람이 많아요. 그들은 이목을 끄는 것을 좋아하기 때문에, 참신한 것에 끌리고 진부한 것에는 금방 흥미를 잃죠. 장기적이고 계획적으로 인맥을 쌓을 때 이 점을 고려하는 습관을 가지면 유리할 거예요. 당신은 흠모하는 상대와 친해지는 데 주목할 것이고, 상대는 결국 당신의 관심을 얻고 싶을 테니까요. 그리고 사람들은 다양하고 광범위하게 얽혀 있어서 예전의 좁은 인간관계로 돌아갈 일은 없을 거예요. 영리하게 관계를 쌓고 싶다면 이렇게 맺은 인연을 계기로 경력을 쌓아 나가면 돼요.

"

결국 만물은 연결된다.
사람, 아이디어, 사물까지.
관건은 연결의 질이다.

_찰스 임스Charles Eames

"

작은 세상 네트워크로
최강의 팀 완성하기

데이비드 버커스 David Burkus

유명 강연자이자 베스트셀러 작가. 오럴로버츠대학교에서 조교수로서 마이크
로소프트, 구글, 스트라이커 등《포천》500대 기업 및 정부 기관을 대상으로
창의성과 혁신에 대해 강연했다. 2015년 '싱커스 50Thinkers 50'에 선정되었
고, 저서로는《친구의 친구》《경영의 이동》《창조성, 신화를 다시 쓰다》가 있다.

⎘ www.davidburkus.com

1995년, 케빈 던바Kevin Dunbar는 다소 창의적인 실험을 떠올렸
다. 그는 과학 분야의 획기적인 업적이 어떻게 생겨나는지 알아
보고 싶었다. 맥길대학교의 심리학 교수인 던바는 심리학에서
전통적으로 사용하는 과학적 연구 방식에서 벗어나 인류학과

민족학 분야의 연구법을 모방하기로 했다. 그는 실험이 아니라 관찰을 하기로 한 것이다. 과학자들이 언제, 어떻게 눈부신 발견을 하는지 살펴보려고 우수한 미생물 실험실 4곳에 카메라를 설치했다.[5]

던바가 놀란 지점은 과학자들이 실험실에 혼자 있을 때는 탁월한 깨달음이 없었다는 사실이다. 실제로 대부분의 눈부신 통찰은 정기 회의 때 최신 연구 결과를 발표하고 나머지 팀원과 난관을 공유하면서 일어났다.

어느 실험실에서든 마찬가지였다. 대부분의 실험은 실패로 끝나거나 기껏해야 의외의 결과를 낼 뿐이었다. 하지만 던바는 정기 회의에서 연구자들이 연구 결과를 공유하고 나아가 문제의 원인이 될 만한 것들을 설명하기 위해 유추를 발전시키는 모습을 관찰했다. 유추는 실제 과학적 통찰을 끌어내는 데 흔하게 쓰인다. 제임스 왓슨과 프랜시스 크릭도 DNA의 이중 나선 구조를 뒤틀린 사다리에 빗대어 묘사했다.

던바는 연구자들이 유추를 발전시키는 과정과 다른 연구자들이 그 유추를 토대로 아이디어를 확장하는 과정에서 문제의 해결책이 그야말로 '떠오르는' 모습을 흥미롭게 지켜봤다. 때로 연구자들은 문제를 해결하기 위해 골치 아픈 일주일을 보내기도 했지만, 어느 때는 동료들과 토론을 벌이다가 10분 만에 해결책이 나오기도 했다. 또한 던바는 전혀 다른 프로젝트에 참여하던 다양한 분야의 전문가가 실험실의 새로운 팀원으로 영입될수록 창의적인 발견이 잘 일어나고 더욱 의미 있는 연구가 가능하다 는 점을 발견했다.

업계 네트워크를 활용해 성공 확률 높이기

최상의 창의력을 펼치려면 얼마나 다양한 팀원이 필요할까? 던 바의 연구에서 이 질문에 대한 답은 나오지 않았다. 이 답을 찾 으려면 미생물 실험실에서 브로드웨이 무대로 자리를 옮겨야 한다.

브로드웨이 작품은 절대 혼자서 만들 수 없다. 이른바 '원맨 쇼'조차 대본, 공연, 조명, 그리고 초기 아이디어부터 개막 공연 에 이르기까지 제작에 수반되는 온갖 일을 하는 제작진이 있어 야 한다. 이러한 협업의 필요성은 경영학 교수, 브라이언 우지 Brian Uzzi와 재럿 스피로Jarrett Spiro의 관심을 끌었다. 우지와 스피로는 제작진의 다양성 정도가 브로드웨이 뮤지컬의 독창성 과 성공에 얼마나 영향을 미치는지 궁금했다. 브로드웨이에서 일하는 많은 예술인은 한 번에 하나 이상의 뮤지컬에 참여했기 때문에 여러 뮤지컬 팀원들과 관계를 맺었다. 우지와 스피로, 두 연구자는 그러한 관계의 다양성과 장점이 작품의 성공에 영향

을 끼치는지 알아보기 위해 한 연구를 생각해 냈다.[6]

우지와 스피로는 1945년부터 1989년까지 브로드웨이에서 제작된 거의 모든 뮤지컬을 분석했다. 브로드웨이의 전설인 콜 포터부터 앤드루 로이드 웨버까지 2092명의 예술인과 474편의 뮤지컬을 조사했다. 이렇게 구축한 데이터베이스를 토대로 제 작자, 작가, 배우, 안무가 사이에 복잡하게 얽힌 협업과 작업 관계를 계산하기 위해 각각의 뮤지컬을 분석했다. 두 연구자는 브 로드웨이 뮤지컬 업계가 거미줄처럼 촘촘하게 연결되어 있다 는 점을 발견했다. 한 제작사에서 함께 일했던 여러 예술인은 몇 년 뒤 각자의 길을 떠났어도 새로운 제작사에서 다시 만났 다. 이러한 역학 관계는 이른바 '작은 세상 네트워크Small World Network'라는 말을 만들어 냈다. 작은 세상 네트워크라는 비옥 한 땅에서 팀은 필요에 따라 연결되고 협력하고 해산한다.

그리고 두 연구자는 특정 제작 연도에 협업의 반복 정도를 측정하는 법을 알아냈다. 둘은 계산한 수치를 '작은 세상 지수 Small World Quotient', 간단히 Q라고 불렀다. Q는 해당 연도에 브로 드웨이 제작 팀의 다양성이나 동질성을 나타내는 측정값이다. Q가 높을수록 팀원들끼리 밀접한 관계라는 것, 더 많은 예술가 가 서로 알고 지내며 다수의 작품에서 협업하는 것을 의미한다. 또한 Q가 낮을수록 친밀도는 떨어지며 복수의 협업이 좀처럼 없다는 뜻이다. 우지와 스피로는 해당 연도의 Q 지수를 그해 작품들이 거둔 경제적 수익, 비평가의 호평 정도와 비교했다.

친해질수록 성공에서 멀어진다?

우리가 아는 제작 팀을 떠올려 보면 Q 지수가 높은 제작진이나 과거에 협업 경험이 많은 팀들이 일도 잘하고 독창적인 흥행작을 만들었을 것이라는 추정은 일리가 있다. 우지와 스피로의 연구에서 이러한 추정은 딱 들어맞았다. 하지만 어느 선까지만 유효했다. 다양성이 높을수록 성공의 추세선은 일직선으로 증가하는 것이 아니라 뒤집힌 U자 모양에 가까웠다. 해당 제작 연도에 Q의 증가는 촘촘한 그물 구조를 의미했는데, 그해 작품의 수익과 예술성 모두 최상위까지 올랐다. 그리고 그 이후에는 Q가 높아져도 성공 수치가 감소했다.

왜 특정 지점을 지나면 성공 수치가 떨어질까? 해당 팀의 친밀도가 일에 영향을 끼쳤기 때문이다. 처음 만난 사람들끼리 일하는 경우 의사소통이 어렵다. 하지만 절친한 사이도 창의력 발휘 측면에서 볼 때 그다지 좋지 않다. 후자의 경우 협업자들이 너무 친밀하고 비슷한 성향과 배경을 가졌다면 결국 비슷한 생각, 일종의 창의적 집단 사고에 빠질 수 있기 때문이다. 마침내 우지와 스피로는 친밀함과 참신한 시각이 결합된 협업 팀이야말로 모두의 창의적 잠재력을 높일 수 있다는 결론을 내렸다. 이러한 시나리오에서 개개인은 의사소통과 의견 교환의 기준을 빠르게 세울 뿐 아니라 새로운 팀원의 색다른 경험과 지식으로부터 도움을 받을 수 있다.

친밀함과 서먹함의 밸런스를 찾아라

우지와 스피로의 연구는 던바가 실험실에서 발견한 현상을 설명하는 데도 유용하다. 실험 팀원들이 다양할수록 창의적 통찰과 눈부신 발견이 많아진다는 사실 말이다. 모든 과학자가 같은 실험실에서 일하고 전문 분야도 비슷했다면 문제의 원인을 해석하는 부분도 비슷했을 것이다. 하지만 던바가 관찰한 실험실은 다양한 분야의 사람들이 각양각색의 실험에 참여했다. 이는 팀원 모두 다른 팀원의 다양한 경험 지식을 공유하고 누렸음을 의미한다. 또한 던바의 사례에서 주목할 점은, 실제로 모든 미생물 실험실에서 지나친 다양성을 경계했다는 것이다.

던바, 그리고 우지와 스피로의 연구 결과를 종합해 보면 가장 성공적인 창조 활동은 기존에 알고 지낸 관계를 적당히 포함하고 경험을 공유하며 참신한 관점을 가진 팀에서 나온다. 만약 자신의 창의적 잠재력을 높이고 싶다면 그런 팀에 들어가는 것이 유리하다. 하지만 그런 팀이라도 오래된 팀은 별로 도움이 안 된다. 오래된 팀원과 신입 팀원이 적절하게 섞인 팀에 들어가야 한다.

협업할 만한 동료들이 있는가? 있다면, 다른 관점과 경력을 가진 동료들과 번갈아 일하는 것이 유용하다. 반대로, 대체로 혼자 일하거나 매번 바뀌는 신입과 일해야 한다면 일하는 데 필요한 고정 요소를 확보할 수 있는지 살펴보라. 기발하고 손이 빠른 동료가 한두 명 정도 있는가? 있다면, 꾸준한 효율성을 위해 그들을 프로젝트에 자주 합류시켜라.

어느 쪽이든 균형을 잘 잡는 게 핵심이다. 당신의 창작 팀이 과도하게 친하면 팀은 정체될 것이고, 반면에 너무 서먹하면 불협화음이 계속될 것이다. 개인으로서 당신이 반드시 알아야 할 점은 무엇보다 협업의 중요성을 깨닫는 것이다. 당신의 창작물이 사랑받기를 원한다면 절대 혼자 일하지 마라.

"

나에게 들려주면 잊어버릴 것이고,
가르쳐 주면 기억할 것이고,
나를 참여시키면 배울 것이다.

_중국 속담

"

창의적인 성과를 내려면
협업의 대가가 되어라

마크 맥기니스 Mark McGuinness

런던에서 전문 창작자를 위한 상담 코칭을 하고 있으며, 전 세계 고객을 대상으로 창작 전문 기업들의 컨설팅도 담당하고 있다. 저서로 《회복력Resilience》이 있으며 99U에 칼럼을 쓴다.

↪ www.LateralAction.com

샤르트르 대성당의 건축가는 누구일까? 답을 몰라도 너무 마음 졸일 것 없다. 위키피디아나 구글에도 나오지 않는다. 이것은 속임수 질문이다. 왜냐하면 건축가는 없기 때문이다. 흔히 우리는 큰 건물을 건축가 한 사람이 디자인한다고 생각한다.

하지만 실제로 건축 일은 설계도를 따르고 건축가의 비전을 실행하는 건설업자에게 위임된다.

우리는 건축가 프랭크 게리가 시멘트 혼합기에 직접 시멘트를 넣거나 크레인을 이용해 철제 대들보의 위치를 잡을 것이라고 생각하지 않는다. 또한 건설업자들이 건물 외관을 설계하거나 작업 도중에 계획을 변경할 거라고 생각하지도 않는다. 하지만 중세에는 이런 시각이 우세했던 것 같다.

건축가 존 제임스John James는 자신의 책 《샤르트르의 건설업자들The Contractors of Chartres》과 《샤르트르의 대가들The Master Masons of Chartres》에서 샤르트르 대성당은 건축가 한 명이 설계한 것이 아니라 위임받은 건설업자들에 의해 건립됐다는 주장을 설득력 있게 펼친다.[7] 실제로 그때는 현대적 의미의 건축가라는 직업도 없었다. 대신 건축가와 건설 책임자의 역할은 제도사만큼이나 숙련공이었던 건축 대가가 맡아서 했다.

건축 대가가 건설 현장에서 바로 뛰는 것처럼 현장에서 일하는(또는 비계飛階를 오르내리며 공중에서 일하는) 건설업자들도 건물의 큰 그림을 함께 그릴 책임이 있었다. 대가의 권한은 분명 존중됐지만, 대가의 역할은 도면을 설계하거나 유리 한 장까지 세세히 챙기는 것은 아니었다. 그들은 작업 전반을 파악해야 했고 체계를 깨지 않는 선에서 재량껏 팀원에게 휴식을 주며 팀의 균형을 유지해야 했다.

중세의 건물들은 오늘날보다 훨씬 집단적 개념에서 세워졌다.
건설 책임자가 할 일은 작업 환경을 조율하는 것이다. 그것은
마치 관현악보다 재즈에 가까웠다.[8]

자신과 남들의 온전한 창의력을 깨닫는 데는 건축가보다 건축 대가, 관현악 지휘자보다 재즈 밴드 리더의 기량이 요구된다. 단순히 비전만 제시하는 것이 아니라 연주도 함께해야 한다. 솔로 창작이 아니라 집단 창작이며, 명령을 내리는 것이 아니라 프로 동료들과 협업하는 것이다.

권위자가 아닌 본보기가 되어라

중세 때 '대가'라는 말은 아주 구체적인 의미를 띠었다. 돌 쌓기, 목공 일, 페인트칠 등에서 엄격한 정규 훈련을 거친 사람에게만 대가라는 말이 붙었다. 수습 기간을 마친 야심가라면 걸작을 하나 만들어 내야 했다. 그러면 그 작품 한 점으로 대가의 직함, 권한, 책임을 부여받아도 좋을지, 전문 길드를 이끌어 갈 수 있을지 평가를 받았다.

직급이 올라도 대가는 변두리 사무소나 외딴 작업장에서 은

퇴하는 일이 드물었다. 그들은 끝까지 발로 뛰었고 작품에 만전을 기했으며 주어진 권한을 행사하는 것 못지않게 솔선수범했다.《광고 불변의 법칙》에서 데이비드 오길비는 잘나가는 광고 회사의 대표 시절에도 종종 시간을 들여 직접 광고 문안을 쓰고 카피라이터에게 조언을 구했다고 밝혔다. 사실 이 같은 행동은 그의 옛 상사인 파리 마제스틱 호텔의 수석 요리사, 피타드Pitard의 행동을 본받은 것이다. 피타드는 일주일에 한 번 주방으로 출근해 직접 요리를 선보임으로써 자신이 여전히 최고 셰프임을 입증했다.

관리직으로 이동하더라도 꾸준히, 지속적으로 현장에 발을 담그고 있어야 한다. 이렇게 하면 몇 가지 이점이 생긴다. 첫째, 개인적으로 직접 일하면서 느끼는 만족감을 누릴 수 있다. 둘째, 팀원이 직면한 문제를 깊이 이해할 수 있다. 셋째, 창의력이 풍부한 팀장은 재능과 성과를 근거로 팀원을 평가하기 때문에, 당신이 그런 팀장이라면 팀원들의 존경을 받을 수 있다.

모든 성과는 관계 속에서 만들어진다

샤르트르 대성당이 긴장과 휴식이라는 복잡한 조직망 속에 세워진 것처럼, 작업 팀도 협업 관계로 단단히 묶여 있었다. 작업자들 사이에 미묘한 긴장이 균형을 이루었던 것이다. 대가는 권한을 권한대로 누렸고 작업자의 존경을 받았으며 그들과 동료애도 나눴다.

당신이 광고 대행사나 영화사에 다닌다면 이런 분위기에 익숙할 것이며 동료들과 돈독한 관계를 쌓아야 할 필요성을 느낄 것이다. 프리랜서나 1인 예술가라 하더라도 당신의 창작물은 의뢰인, 계약자, 공급자, 동업자, 멘토, 조력자, 동료 전문가 등 여러 사람과의 관계 속에서 탄생한다.

그러므로 창작물에 들이는 공만큼 의사소통 능력을 섬세하게 다듬는 것을 꾸준히 연마하고 습관화하라. 이를 위해 이메일과 매력적인 광고 문구를 명확하게 작성하는 법을 배우자. 설득력 있게 발표하는 법, 건설적으로 회의를 주도하는 법, 날이 선 대화를 부드럽게 풀어 가는 법을 배워라. 우정이 아니라 업무적으로 맺은 인간관계를 돈독히 쌓는 데 시간을 투자하자. 팀원이 도움을 요청하면 기꺼이 도와줘라. 당신도 언젠가 남에게 부탁할 일이 생긴다.

팀원의 창의력이 발휘될 여유를 두어라

현대 건축가와 달리 샤르트르 대성당의 건설업자들은 건물 전체의 축도를 그려 놓고 작업을 시작하지 않았다. 대신 그들은 건물의 면적, 실제 크기, 공사장 면적을 꼼꼼하게 계산해 표시

해 두었다. 기둥, 아치, 창문의 형태처럼 특정 구조물의 세부 요소는 다른 지역의 전문 작업자가 만든 것을 본보기로 삼았다.

구조물의 기본 형태는 대가가 미리 정하고 치수도 측정했다. 하지만 전반적으로 작업의 각 단계에 틈이 생기면 개별 기술자의 재능과 전문 지식으로 해결했다. 개별 기술자들은 세밀한 부분을 해결하기 위해 심혈을 기울였다. 그들만이 풀 수 있는 문제였기 때문이다.

복잡한 건물에 맞물린 많은 구조물이 현장 작업자들에 의해 급조된다는 것을 믿기 어렵다면 위키피디아를 생각해 보라. 위키미디어 재단은 관련 사이트의 전반적인 비전과 체계를 맡아 관리한다. 하지만 이러한 틀 안에서 수많은 사람이 자유롭게 글을 올리고 수정하고 의견을 나누며 즉석에서 사전을 만든다. 그 결과 위키피디아는 무질서하게 뻗어 나가는 듯 보이지만 논리정연한 구조를 갖게 되었다. 애매한 주제를 명확히 설명한 위키피디아의 글들도 샤르트르 대성당 지붕의 괴물 석상처럼 세밀함에 사로잡힌 누군가가 공들여 쓴 것이다. 이러한 디테일은 신과 제작자의 동료 외에는 아무도 모른다.

어떤 프로젝트를 맡았다면 당신의 비전으로 팀원들에게 영감을 불어넣어라. 그런 후에 팀원들이 자신의 책임을 분명히 이해하고 타협 불가능한 결과물을 내놓을 수 있게 하라. 하지만 사소한 일까지 챙기려 들거나 당신의 방식만을 고집하지 마라. 팀원에게서 최상의 것을 끌어내고 싶다면 그들의 독창성과 진취력으로 메울 충분한 공간을 남겨 둬라.

창의적인 아이디어를 '함께' 쌓아라

샤르트르 대성당은 건축 기간 내내 자금을 조달하며 썰물과 밀물처럼 오고 갔던 9명의 대가가 세운 것이다. 이 말은 건물이 완성될 때까지 하나의 종합 설계안이 없었다는 뜻이다. 후임 대가는 전임자의 작업에 이어 자신이 적합하다고 생각하는 설계대로 개조했으며 그 결과 건물은 나날이 발전했다. 제임스가 밝힌 대성당 건축의 불문율 중 하나는 작업을 시작한 후임은 전임자의 작업물에 손을 대면 안 된다는 것이었다. 석조물을 부수는 것은 안 되고 그 위에 줄을 새기거나, 원하는 특징을 살려 새 구조물을 다시 만들어야 했다.

직장에서 오가는 대화에 귀를 기울여 보자. 대체로 사람들이 상대의 의견에 자신의 의견을 덧붙이는가("그렇죠. 그러면요……") 아니면 상대의 의견을 배제하고("그렇죠. 하지만……") 자신의 의견을 밀어 넣는가?

당신은 어느 쪽인가? 누군가 새로운 아이디어를 제안했을 때 본능적으로 받아들인 뒤 아이디어를 발전시킬 방법을 찾는

쪽인가, 아니면 의견을 비판하고 난도질하는 쪽인가? 프로젝트 중간에 합류할 때 기존 것들을 토대로 방법을 찾는가, 아니면 생체기부터 내려고 하는가? 이제부터는 의식적으로 차단이 아닌 건설적인 노력을 해 보자. 이렇게 묻는 거다. "지금 진행되는 일이 어떤 건가요? 우리가 뭘 더 하면 좋을까요?" 진심으로 칭찬할 기회를 찾아보자. "그렇죠. 하지만……" 대신 "그렇죠. 그러면……"이라고 말하자. 그리고 다른 사람에게도 이러한 태도를 끌어내자.

그렇다고 너무 걱정하지 마라. 당신의 비판력은 어디 가지 않는다. 아주 잘 살아 있으니까.

내 자부심보다 우리의 일이 먼저다

우리는 샤르트르 대성당을 지은 대가들의 이름을 알지 못한다. 제임스에 따르면 동료들도 대가가 만든 석조물의 세부적 특징을 보고 누가 만들었는지 알았다고 한다. 대가들은 동료들 사이에서 인정받는 것, 임금을 받고 자부심을 느끼는 것만으로 충분히 만족했다.

르네상스 시대에 몽상가들은 고상한 존재로 추앙됐지만, 기술자들은 임금 노동자 신분으로 격하되었다. 그런데 언젠가부터 사람들은 예술가와 설계자를 신이 내린 천재라며 숭배하기 시작했다. 그들의 명성은 브랜드가 되었고 작품은 수집가들 사이에서 고가에 팔려 나갔다. 예술가들은 작품에 이름을 적기 시작했고 그렇게 해서 우리는 건축가의 이름을 알게 되었다.

사회적 지위, 명성, 대가, 상은 모두 좋은 것이다. 전문가의 평판도 중요하고 이것을 얻기 위해서 시대와 장소도 잘 만나야 한다. 하지만 일을 시작할 때는 마음속에서 이들을 몰아내고 당면한 일에 몰두하라. 일을 할 때마다 이를 의식적으로 반복하면 업무 루틴이 된다.

오만하게 굴어서 다른 사람의 의견을 놓치는 일이 없게 하라. 질문을 많이 하고 상대의 대답을 주의 깊게 들어라. 예의상이 아니라, 그들의 전문성과 함께 만드는 지식을 존중하는 의미에서 그들의 말에 귀를 기울여라. 상대의 공로를 인정하고 찬사를 보내라.

'공동 창작'은 감성적으로 들리기도 한다. 하지만 현실에서는 정말 두려운 일이기도 하다. 공동 창작은 통제가 어렵고, 동료의 말에 아주 잘 귀 기울여야 하며, 그들에게 책임을 지워 맡겨야 한다. 무엇보다 그것은 신뢰를 쌓는 일이다. 우리는 상대방과 신뢰를 주고받아야 한다. 함께여서 더 대단하고 감동적인 작품을 만들 수 있다고 믿어야 한다.

"꼭 필요한 네트워크를 만드는 루틴의 힘" 사용법

혼자 일하지 마라

믿을 만한 동료, 협업자 등 당신이 부탁할 수 있는 조력자를 찾아라. 그들은 진실을 말해 줄 것이고 조력자로서 책임을 다할 것이다.

사회적 합의를 이끌어라

문제가 될 만한 것들을 허심탄회하게 이야기하라. 그러면 갈등이 생겼을 때 편안한 대화 분위기를 조성할 수 있다.

관용을 베풀어라

다른 사람을 도울 방법을 생각하라. 그러면 관계를 오래 유지할 수 있다. 인간 관계의 참된 정신은 거래가 아니라 관용이다.

부탁하라. 그러면 도움을 받을 것이다

상대에게 먼저 부탁을 해야 관계를 맺을 수 있다. 부탁을 적절히 하면 인간관계가 풍성해진다. 일주일에 한 번은 존경하는 사람에게 연락해 보라.

다양할수록 창조력이 높아진다

팀을 꾸릴 때 전문가와 초보자를 모두 포함시켜라. 팀에 꼭 맞는 다양성은 창의적 잠재력을 끌어올린다.

권위자가 아닌 대가처럼 행동하라

다른 사람의 아이디어와 기술을 그때그때 활용하고, 그걸 토대로 내 것을 만들어라. 다른 사람이 전문성을 펼칠 수 있게 그들을 도와준다면 당신 일도 잘될 것이다.

기회와 가능성을
창출시키는 루틴의 힘

새로운 기회를 포착하고 활용하는 방법

우리는 전통적으로 직업에 관해 조언할 때 천직을 찾으라며 수동적 접근법을 제안한다. 예를 들어 이런 것이다. 직업을 고르고, 일자리에 지원하고, 결과를 기다린다. 합격해서 취직하면 업무를 수행하고 승진을 기대한다. 별생각 없이 주어진 업무를 반복하다 보면 한곳에 정체된다. 하지만 이렇게 일을 관망하는 태도로는 탁월함에 도달하기 어렵다.

21세기를 살아가는 우리는 손쉬운 접근성과 자원을 활용해 적극적으로 미래를 만들어 가야 하고, 또 그렇게 될 수 있다. 벤처 기업가 정신을 바탕으로 풍부한 자원과 융통성을 전략적으로 이용해 기회를 발굴해야 한다. 그리고 미숙한 실력을 부단히 개발해 운을 끌어당겨야 한다. 실력이 뛰어나면 어디서든 눈에 띈다.

꾸준히, 반복적으로 직업 시장을 주시하며 우리의 흥미와 능력을 시장의 수요와 맞춰 나가야 한다. 자신의 전문 분야 외의 동향도 파악하는 능력이 필요하다. 계획을 탄탄히 세우지 않으면 행운은 우리 곁을 스쳐 갈 것이다. 느긋하게 기댄 자세로는 탁월한 진로를 계획하기 어렵다. 기회를 주도하라. 그러면 기회가 다가올 것이다.

열정의 배신에
당하지 마라

칼 뉴포트 Cal Newport

조지타운대학교 컴퓨터과학과 교수. 집중력과 몰입, 디지털의 영향에 대해 꾸준히 연구 중이며 대표작 《열정의 배신》에서 그는 "열정을 따르라"는 말은 좋은 조언이 아니라고 주장한다. 그와 그의 다른 저서 《딥워크》《디지털 미니멀리즘》 등에 관해 더 자세히 알고 싶다면 그의 블로그 '스터디 핵스'를 참조하라.

ℭ calnewport.com/blog

"열정을 따르라"는 말은 틀린 조언이다. 사람들은 어떤 이유로 밥벌이에 재미를 붙일까? 누구나 한 번쯤 들어 봤을 이 질문을 나는 1년 정도 연구하면서 앞서 언급한 결론에 이르렀다. 연구를 통해 열정을 추구하라는 조언이 위험한 2가지 증거를 찾아낸 것이다. 첫째, 기존의 열정과 자신의 직업을 연결 지어 생각하는 사람은 거의 없었다. 따라서 그들에게 열정을 따르라는 조언은 불안과 실패감만 안겨 줄 뿐이다.

둘째, 직업 만족도에 관한 수십 년의 연구를 보면 열정을 따르라는 조언을 열렬히 지지하는 사람들조차 현재 하는 일을 좋아하기까지는 기존의 흥미를 훨씬 뛰어넘는 무언가가 필요했다. 예를 들어, 자신의 일에 열정을 느끼는 제빵사 중 대다수는 훗날 작은 빵집 하나 정도는 차려야 한다는 압박감에 시달린다. 마찬가지로 생계를 위해 웨딩 촬영 기사로 활동하는 열정적인 아마추어 사진작가는 쉴 틈 없이 이어지는 웨딩 촬영 때문에 자신의 예술 세계에 회의를 느낀다.

만약 지금 하는 일에 열정을 느끼고 싶다면 타고난 천직을 찾아내려 애쓸 게 아니라 좀 더 고도의 전략이 필요하다. 이번 챕터에서는 그러한 전략에 대해 살펴보려 한다. 이 전략은 주목할 만한 직업적 성취를 이룬 사람들에게서 종종 발견된다. 유명 저술가의 사례를 통해 전략들을 살펴보자.

열정은 따르는 게 아니라 키우는 것

빌 매키번은 환경 운동 저널리스트로서 1989년에 펴낸 《자연의 종말》로 유명해졌다. 《자연의 종말》은 지구 온난화를 다룬 최초의 대중서로 평가받았는데, 매키번은 그 후로 10여 권 이상의 책을 펴내며 환경 운동가로 명성을 얻었다. 매키번의 강의를 듣거나 인터뷰를 읽게 되면 자신의 일에 열정을 쏟는 한 인간을 만나게 될 것이다. 그렇다면 매키번은 어떻게 해서 그런 인물이 되었을까?

매키번이 하버드대학교에 다닐 때의 일화를 보면 알 수 있다. 하버드대에 입학한 그는 대학 신문사인 '하버드 크림슨The Harvard Crimson'에 들어갔고 졸업할 즈음에는 편집장까지 했다. 그러다 《뉴요커》 편집자인 윌리엄 숀William Shawn의 눈에 띄었다. 당시 윌리엄 숀은 《뉴요커》 앞부분에 실리는 칼럼인 〈마을 소식Talk of the Town〉을 쓸 만한 졸업생을 물색 중이었다. 《뉴요커》에서 일을 시작하고 5년쯤 지난 1987년, 매키번은 또 다른 행보를 보였다. 잡지사를 그만두고 애디론댁Adirondacks 산맥에 있는 오두막으로 들어간 것이다. 홀로 황량한 자연 속에서 집필한 《자연의 종말》은 단숨에 환경 저널리즘 고전으로 떠올랐고 이는 오늘날 매키번의 열정적 삶의 토대가 되었다. 매키번 사례에서 두드러진 2가지 교훈은 사람들이 어떻게 자신의 일을 사랑하게 되는지 파악하기 위한 내 연구의 시사점과 일치한다.

매키번은 작가로 활동하면서 자신이 원하는 경력을 쌓았다. 하지만 그는 작가 일을 하면서 쏟은 열정을 동일하게 다른 직업에 쏟을 수도 있었다. 매키번이 진로를 선택할 때 제일 중요하게 여긴 것은 자율성(예를 들어 언제, 어디서 일하는지, 어디서 살 것인지를 통제할 수 있는가)과 자신의 일이 세상에 미치는 영향력이었다. 그러므로 자율성과 영향력을 갖는 직업이라면 그게 어떤 일이든 열정은 따라왔을 것이다. 매키번에게 작가 일만큼 만족스러운 대체 가능한 직업군이 뭐가 있을까? 사회적 파급이 큰 비영리 교육자나 존경받는 사회학 교수쯤 되지 않을까?

매키번의 이러한 패턴은 자신의 일을 즐기는 사람에게서 흔히 나타난다. 그들은 일의 세부 요소들에서 만족을 느끼는 것이 아니라 일을 하면서 누렸던 일련의 특징적인 생활 방식에서 만족감을 느낀다. 이 바람직한 특징은 다른 사람들과 차별된다. 예를 들어, 존경과 사회적 지위를 열망하는 사람이 있는가 하면 탄력 근무와 단순 업무를 선호하는 사람도 있다. 하지만 여기서 핵심은 이러한 특징들이 특정 견해에 비해 보편적이라는 사실이다. 성공하기 위해 던져야 할 올바른 질문은 '내가 하는 일에 열정을 가지고 있나?'가 아니다. '어떤 방식으로 일하고 살아야 내 열정을 키울 수 있을까?' 하는 것이다.

역량을 키우면 열정은 따라온다

매키번은 능숙하게 글을 잘 쓰게 되고 나서야 자율성과 영향력

을 손에 넣을 수 있었다. 그가 하버드대학교에 갓 입학했을 때
는 유능한 저널리스트가 아니었다. 하버드 크림슨 기록 보관소
에 있는 그의 초기 글들에는 지나치게 설명적인 초보 작가의 모
습이 묻어난다. 이를테면 매키번은 1979년, 미국 프로농구NBA 팀
보스턴 셀틱스의 시즌 개막전에 관한 기사를 쓰면서 원형 경기
장을 '오래되고 딱딱한 껍질을 두른 지하 묘지'로 묘사했고, 경
기장 천장에 걸린 영구 결번 유니폼들을 가리켜 '과거에는 성인
들이 입었으나 지금은 채광창에 걸린 채 그들을 기리는 수단으
로 남은 황록색 번호표'라고 덧붙였다.(보스턴 셀틱스의 유니폼과
팀 컬러는 녹색이다—옮긴이 주)

동료들이 기억하는 매키번은 타고난 글쟁이가 아니라 글을
잘 쓰기 위해 애쓰는 불굴의 의지자였다. 크림슨 신문사에 전해
져 오는 일화가 있다. 어느 날 매키번은 케임브리지 시 의회 미
팅을 마치고 밤늦게 신문사로 돌아왔는데, 다음 날 기사 마감
까지 35분밖에 안 남은 상황이었다. 매키번은 마감 시간까지
기사 3편을 완성할 수 있을지를 두고 동료 기자들과 스카치 한
병 내기를 했다. 결국 스카치는 그의 차지가 되었다.

매키번은 대학 신문 기자로 활동할 당시 총 400편 이상의
기사를 썼고 《뉴요커》에서 근무한 5년 동안 매해 47부의 잡지
를 발행했다. 자율성과 영향력이라는 삶의 구심점을 만들었을

즈음, 매키번은 책 《자연의 종말》을 쓰기 위해 산으로 들어간다. 이러한 변화가 가능했던 것은 수많은 글을 쓰며 쌓은 실력 덕분이다. 만약 매키번이 경력 초기에 전업 작가가 되려고 했다면 잘 해내지 못했을 것이다.

이러한 패턴은 결국 자신의 일을 좋아하게 되는 사람에게 공통으로 나타난다. 첫째 교훈에서 언급한 것처럼 어느 직업에서 자신이 추구하는 전반적인 특징을 발견했을 때 그 직업은 매력적으로 다가온다. 이러한 특징들은 희소성과 가치를 지닌다. 하지만 당신이 간절히 원한다고 해서 자율성과 영향력이 거저 주어지지 않는다. 경제의 기본 원리만 봐도 그렇다. 귀하고 가치 있는 것을 원할 때는 당신도 그 대가로 귀하고 가치 있는 무언가를 내놓아야 한다. 그리고 직업의 세계에서 당신이 내놓을 것은 실력이다. 이런 이유로 실력을 체계적으로 발전시키는 것은 열정을 능가한다. 1979년부터 1987년까지 500편 이상의 기사를 거침없이 써 내려간 매키번의 사례를 보라.

갈고닦은 실력은 배신하지 않는다

다시 돌아가 내용을 정리해 보자. 열정을 가지고 일하는 것은 목표로는 나쁘지 않다. 하지만 단지 그 일 자체를 갈망한다는 이유만으로 무조건 열정을 좇아 진로를 정하는 것은 허술한 전략이다. 이는 성공 가능한 일에 걸맞은 열정이 이미 내 안에 있다고 상정하는 것이며, 장기적으로 일에 강한 흥미를 느끼는 것만으로도 충분히 직업 만족도를 높일 수 있다고 가정하는 꼴이다. 하지만 이러한 추정 모두 결함을 지니고 있다.

이와 대조적으로 빌 매키번의 이야기는 열정을 갈고닦는 것처럼 더욱 뛰어난 전략이 필요함을 강조한다. 이는 결국 자신의 일을 사랑하게 된 많은 사람의 사례를 통해 입증되었다. 그리고 우리는 또 다른 사례들을 통해 알 수 있다. 남들에게서는 찾아볼 수 없는 뛰어난 실력을, 꾸준히 반복함으로써 체계적으로 발전시켜야 한다는 것을 말이다. 일단 직업 시장에서 이런 역량을 인정받으면 우리는 이 역량을 지렛대로 활용해 자율성, 탄력 근무, 영향력 증대, 성장 등 우리가 대체로 꿈꾸는 생활 방식을 영위할 수 있다. 이처럼 역량을 높이기 위해 끊임없이 노력하는 전략은 매 순간 즐겁기만 한 일보다는 덜 매력적일지 모른다. 하지만 실전에서는 빛을 발한다.

그러니 열정을 따르지 마라. 열정을 갈고닦아라.

"

재능 없는 예술은 없다.
하지만 노력 없는 재능은 무의미하다.

_에밀 졸라Émile Zola

"

당신 안의 사업가
본능을 일깨워라

벤 카스노차 Ben Casnocha

기업가이자 작가. 전자 정부 소프트웨어를 제작하는 회사인 콤케이트Comcate 를 창업했다. 인터넷 정치 컨설팅 회사 폴리틱스온라인PoliticsOnline은 그를 '인터넷과 정치 분야에서 가장 영향력 있는 인물 25인'에, 《비즈니스위크》는 '미국에서 가장 뛰어난 청년 사업가'로 선정했다. 저서로 《마이 스타트업 라이프》, 링크드인의 공동 창업자 리드 호프먼Reid Hoffman과 함께 쓴 《연결하는 인간》《얼라이언스》가 있다.

↗ www.casnocha.com

노벨 평화상 수상자이자 소액 대출 운동의 선구자인 무함마드 유누스는 이렇게 말했다. "인간이라면 누구나 사업가 기질을 타고난다. 동굴에서 생활했을 때도 우리는 자영업자였다. 스스로

먹을거리를 구해 와 먹고살아야 했으니까. 그때부터 인류의 역사는 시작됐다. 문명이 발달하면서 그러한 본능이 억눌렸을 뿐이다. 우리는 '노동자'로 명명된 순간부터 노동자가 되었고 어느새 사업가 본능은 묻혀 버렸다."

모든 인간이 사업가라는 말은 모두가 창업을 하라는 의미가 아니다. 뭔가를 만들어 내고 찾아다니고 응용하려는 욕구가 인간의 DNA에 내재해 있다는 뜻이다. 유누스의 말처럼 이러한 자질은 사업가 정신의 핵심이다. 오늘날 급변하는 세상에 적응하려면 잠들어 있는 사업가 본능을 깨워야 한다.

사업가 본능을 깨울 최고의 방법이 있다. 자신을 신생 벤처기업의 경영권을 쥔 사업가라고 생각하는 습관이다. 이때 당신이 시작한 사업은 당신의 커리어다. 기업 운영 초기에는 정보가 부족하고 시간에 쫓기며 자원도 한정된 환경에서 의사 결정을 내려야 한다. 어떤 보장도, 안전망도 없다. 필연적으로 위험을 안고 가야 한다. 경쟁자가 계속 바뀌고 시장은 쉴 새 없이 변화한다. 이렇듯 신생 회사가 커 나가는 시점에서 기업가가 직면하는 현실은 어느 일을 하든 경력을 쌓아 갈 시점에서 우리가 직면하는 현실과 같다. 정보는 빈약하고 자금은 빠듯하고 경쟁은 치열한 것이다.

자기 커리어의 CEO가 되는 일은 만만치 않다. 마음가짐도

남달라야 하고 본인 고유의 기술도 가져야 한다.

평생 베타 버전을 유지하라

IT 기업들은 공식적으로 소프트웨어 프로그램을 출시할 때 업데이트 가능성을 강조하는 차원에서 어느 정도 기간 동안 베타 버전을 유지한다. 예를 들어 지메일은 2004년에 출시됐지만 2009년이 되어서야 수백만 명이 사용한 공식 베타 버전을 종료했다. 아마존의 설립자이자 최고 경영자인 제프 베이조스는 1997년 이래로 주주들에게 보내는 연례 서한을 이렇게 끝마친다. "(아마존닷컴에 있어) 오늘은 여전히 1일입니다! 우리는 미래를 낙관하는 동시에 방심하지 말고 절박함을 가져야 합니다." 다시 말해 아마존은 한 번도 완성된 적이 없다. 오늘이 언제나 첫날인 것이다. 기업가들에게 완성Finished은 욕F-Word이나 마찬가지다.

완성이라는 말은 우리에게도 욕이다. 우리의 일은 늘 진행 중이다. 매일 우리 앞에는 더 많이 배우고 해야 할 일들, 더 나은 존재가 되고 성장할 기회가 놓여 있다. '평생 베타 버전'으로 살아가면 자신의 오류와 이후 치러질 시험을 받아들이기 쉽고 그러면 당신은 수정과 발전을 거듭해 나갈 수 있다. 이것은 죽을 때까지 성장을 멈추지 않겠다는 약속이다. 이는 나를 성장시키고 영향력 있는 존재로 만들며 주변을 개선하는 힘이 모두 나에게 있음을 긍정한다는 측면에서 더없이 낙관적인 태도이자 습관이라고 할 수 있다.

사업가 본능을 깨울 4가지 전략

하지만 남다른 사고방식을 지녔다고 해서 끝이 아니다. 사업가 본능을 깨우는 것만으로는 부족하다. 창의적이고 프로다운 사업가로 거듭나려면 치열한 현대 사회에 맞설 전략이 필요하다. 다음의 몇 가지 비결을 살펴보자.

경쟁 우위 확보에 주력하라: 스스로 이렇게 자문해 보라. "비슷한 일을 할 때 다른 사람과 차별화되는 나만의 작업 방식은 무엇인가?" 어느 날, 직장에 나라는 존재가 사라지면 잘 안 돌아가는 일은 무엇일까? 기업가들이 제품을 출시할 때 경쟁 업체와 비교해 속도, 품질, 가격을 고민하는 것처럼 당신도 당신이 가진 자산(능력, 강점, 인맥)과 열망(꿈, 가치관, 흥미)을 연결해 직업 세계에서 나만의 상품을 내놓을 방법을 찾아야 한다. 그러면 경쟁 상대가 숙련도를 높인다거나 인간관계나 관심사를 넓히는 등 고만고만한 목표에 집중하는 동안 당신은 빛을 발할 것이다.

유연하게 계획하라: 기업가들은 적응의 귀재다. 스타벅스, 플리커, 페이팔, 픽사처럼 독창적인 아이디어에서 시작해 지금의 성공을 이룬 기업들을 떠올려 보라. 기업가들은 세심한 계획가이기도 하다. 그들은 융통성 있게 계획을 세운다. 같은 직업군에서 하는 일은 크게 다르지 않다. 따라서 동일 직업군에서 경쟁 우위를 점하려면 당장 시행 가능한 플랜 A도 있어야 하지만 플랜 B도 지녀야 한다. 플랜 B는 현재 일과 관련이 있으면서도 조금 다른 방향에서 중심축이 될 만한 계획을 의미한다.

마지막으로 플랜 Z도 필요하다. 플랜 Z는 부모에게 손을 벌리거나 퇴직금을 빼야 할 정도로 최악의 상황을 가정한 시나리오다. 플랜 A, B와 Z를 준비한다면 신중하게 미래를 계획할 뿐 아니라 급변하는 상황에도 대처할 수 있다.

친밀한 관계와 덜한 관계의 인맥을 고루 쌓아라: 기업가들은 고정관념과 달리 고독한 영웅이 아니다. 그들은 회사를 성장시키기 위해 주변의 인맥을 활용한다. 당신도 주위 사람들을 잘 활용하면 좋다. 우리는 평소 인맥에 대한 조언을 많이 듣지만 그저 아는 사람이 많은 사람과 진짜 인간관계를 잘 맺는 사람은 차이가 크다. 전자는 연락처 목록만 늘리는 반면 후자는 끈끈한 관계와 친밀감이 덜한 관계의 균형을 잘 맞춘다.

친밀한 관계는 삶의 목표를 공유하고 서로를 신뢰하며 공동의 과제를 위해 협업하는 사람들이다. 어느 정도 친분이 있는 관계도 소중하다. 대체로 다른 회사나 직군, 도시에서 일하는 이들은 우리의 인간관계를 다채롭게 해 준다. 두 관계를 적절히 활용하면 사회적, 직업적으로 다른 사람들로부터 신선한 아이디어와 영감을 얻을 수 있으며 힘든 프로젝트로 씨름할 때 실질적인 도움을 받을 수 있다.

똑똑한 위험을 감수하라: 우리는 위험을 감수하는 것을 부당한 형벌로 여긴다. 하지만 위험은 우리의 적이 아니다. 기업가들은 똑똑한 위험을 능동적으로 감수하고 신중하게 떠안을 줄 안다. 기회의 이면에는 위험이 도사리고 있어서 만약 당신이 위험을 감수하지 않는다면 기회의 돌파구는 영영 보이지 않을 것이다. 사업가 정신에 걸맞은 위험 감수로는 덜 중요한 프로젝트에 주말이고 밤이고 매달리기, 해외 출장 가기, 상사에게 추가 업무 요청하기, 적성에 덜 맞는 일에도 지원하기 등이 있겠다.

당신도 변하고 경쟁 상대도 변한다. 그리고 세상도 바뀐다. 변하지 않는 것은 자신의 발전을 멈추지 않겠다는 다짐뿐이다. 스티브 잡스는 애플을 일컬어 "지구상에서 가장 큰 벤처 기업"

이라고 말했다. 우리도 마찬가지다. 기민하고 적응력 있는 청년으로 살아야 한다. 죽을 때까지 하나의 신생 기업이어야 한다.

바로 당신이 벤처 기업이다.

"

미래를 내다보는 최고의 방법은
미래를 만드는 것이다.

_피터 드러커Peter Drucker

"

자신에게 맞는 일을
발견하는 법

로버트 사피안 Robert Safian

《패스트컴퍼니》의 편집장. 《타임》《포천》의 편집장을 지냈으며 6년간 《머니매
거진》을 이끌었다.

 www.fastcompany.com

《패스트컴퍼니》의 편집장인 로버트 사피안은 디자인과 기
술, 독창성이 한데 공존하는 곳에서 일하는 만큼 직업 세계에
서 떠오르는 트렌드를 눈여겨본다. 그는 2012년 표지 기사에
'Generation Flux유동세대'라는 용어를 만들어 소개했다. '유동

세대'란 미래의 복잡한 직업 세계에서 유일하게 살아남아 성공하는 세대를 의미한다. 그중에서도 특징적인 유동 세대들은 능숙하게 새로운 기술을 받아들이고 불확실한 상황에도 불안해하지 않는다. 분명 쉬운 일이 아닐 텐데 말이다. 창의적인 미래 직업 세계에서 유동의 의미와 탁월한 대처법에 대해 사피안과 나눈 대화를 소개한다.

Q. 앞으로도 전통적 의미의 직업이 존재할 거라고 생각하나요?

나는 직업이 신화적이라고 생각해요. 취직을 해서 40년 동안 차근차근 승진 사다리를 오르고 마지막에는 금시계를 받고 은퇴하는 그런 직업 말이에요. 지금까지 그런 신화가 존재했다면 앞으로는 아닐 거예요. 요즘 미국 노동자들의 평균 근속 연수는 4.4년이에요. 이런 현상은 노동자가 직업을 자주 바꾸고 쉴 새 없이 다른 일을 찾는다는 것을 의미하죠.

Q. 그렇다면 우리는 어떤 능력을 길러야 할까요?

끊임없는 변화의 시대에 지녀야 할 가장 중요한 능력은 새로운 기술을 받아들이는 자세와 습관이에요. 꾸준히 열린 자세로 모르는 분야를 배우고 성장해야 하죠. 이게 바로 미래의 고용주, 파트너, 신생 기업에 자신을 잘 어필할 수 있는 방법이에요. 본인의 발전에도 가장 좋은 선택지죠. 일을 취미로 삼으라는 말은 아니에요. 어느 분야를 선택했든 일정 수준의 전문가가 되어야 해요. 다만 일에 진전이 없다면 너무 오래 견딜 필요는 없어요. 하는 일이 원하는 방향으로 가지 않으면 그 일을 포기하고 다른 일을 찾아 나서는 배짱이 있어야 해요.

Q. 이러한 태도를 실천하는 방법으로 무엇이 있을까요?

모르는 분야의 일을 배우거나 접할 기회가 있으면 피하지 말고 적극적으로 한번 해 보세요. 그 분야를 알고 싶고 관심이 간다면 더 깊이 파고들어 보세요. 깊이 들어갔는데 생각과 달라도 너무 당황하지 말고요. 거기까지만 하고 다른 일을 시작하면 되니까요. 급변하는 유동의 시대에 필요한 자세는 바로 이거예요.

깊이 파고들고 싶은 분야를 만나지 못했다면 관심 가는 분야를 모두 건드려 보세요. 유동의 시대에 직업으로 이어지는 유일한 방법이란 없어요. 직장에 들어가거나 일자리를 구하는 데 한 가지 창구만 있는 것은 아니에요. 우리는 지금껏 하나의 답, 하나의 방법만 찾으라고 요구받았죠. 나도 여러 경로를 통해 일을 시작했어요. 개중에는 경력으로 인정받은 일도 있었고 승진으로 이어지는 일도 있었죠. 정답은 없어요.

Q. 직업을 정할 때 '천직에 가까운지'를 기준으로 삼아야 할까요?

그 일에 열정이 있고 의미를 느끼는지가 기준이 되어야 해요. 무엇이 당신의 천직일까요? 일상을 충실히 살게 하고, 또 의미 있는 일을 한다고 느끼게 한다면 그것이 천직일까요? 시간에 따라 답이 달라질 거예요. 사람은 살면서 다양한 일을 맡게 되죠. 그렇기 때문에 우리가 어디에 에너지를 쏟아야 하는지 알 수 있어요.

내 경험상 자기 일을 사랑하는 사람이 일을 훨씬 더 잘했어요. 일을 잘할수록 쉼 없이 새로운 능력을 개발했고 추진력도 강했고요. 일과 관련한 열정이 많으면 많을수록 결국 자신에게 유용한 능력을 개발하고 구축하는 데 더 욕심을 내게 되지요.

이런 말이 있어요. "현 상황을 깨지 않고 유지하려 애쓰는 순간, 위험은 찾아온다." 일에 대한 도전은 당신에 대한 도전이에요. 무작정 배우고 성장하는 것보다 당신이 지키려고 애쓰는 현재 상태가 어떤 것인지 그 지점을 정확히 파악하는 게 중요해요.

"

지능의 척도는
변화 능력이다.

_알베르트 아인슈타인Albert Einstein

"

행운은 어떻게 탄생하는가

조슬린 K. 글라이 Jocelyn K. Glei

어도비의 온라인 크리에이티브 커뮤니티 '비핸스Behance'의 대표 프로젝트인 '99U'의 편집장. '인터넷계의 오스카상'이라 불리는 '웨비 상Webby Award'에 빛나는 99U 웹사이트, 인기 이벤트, 베스트셀러 도서 출간을 총지휘한다. 또한 《루틴의 힘》시리즈의 편집자이기도 하다.

⬀ www.jkglei.com

20세기의 직업이 다음 단계가 뻔히 보이는 사다리라면 21세기의 직업은 각자가 등반해야 하는 드넓은 암벽에 가깝다. 정해진 경로도 없고 정상에 오르기 위해서는 자신만의 독창성, 숙련도, 그리고 강점에 기대야 한다. 그야말로 운을 스스로 만들어 내야 한다.

빛의 속도만큼 빠르게 발달하는 과학 기술을 고려할 때, 몇 년 혹은 몇 달 뒤에 지금의 직업은 필수 직업이 될 수도 있고 무용지물이 될 수도 있다. '커뮤니티 매니저'라는 직업이 생길 줄 10년 전에는 알았을까? '아이패드 어플리케이션 디자이너'나 '자바스크립트 닌자'는?

현재 노동 인구의 상당수가 10년 혹은 20년 전에는 존재하지 않았던 생계 수단으로 돈을 벌고 있다. 직업의 본질은 변하지 않았더라도 우리는 예전에는 상상할 수 없던 새로운 기회를 활용해 일을 해 나간다. 블로그를 운영하는 디자이너나 트위터를 하는 코미디언, 킥스타터를 통해 투자받는 영화 제작자를 떠올리면 이해하기 쉬울 것이다. 10년 뒤에는 우리 모두 지금은 상상할 수 없는 새로운 유형의 일을 하게 될 것이다. 흥분되기도 하지만 한편으로는 두렵기도 하다. 그렇다면 불확실한 미래를 어떻게 준비해야 할까?

직함을 넘어 과제에 집중하라

우리는 특정 직함에 매몰되기 쉽다. 예를 들어 내가 선택한 직업이 광고 제작 감독, 최고 마케팅 책임자, 제품 담당 책임자가 될지에 관심을 가진다. 하지만 직함은 덫이다. 당신이 오늘 원하는 일은 내일이면 사라질지도 모른다. 그러므로 특정 직위를 쟁취하기 위해 세웠던 목표, 실천했던 자기 계발을 수정함으로써 선택지를 명확히 제한하라.

특정 역할보다 성취하고 싶은 것을 목표로 삼는 것이 좋다. 이렇게 자문해 보자. "나는 어떤 문제를 해결하고 있는가? 내가 만들고 싶은 것, 바꾸고 싶은 것은 무엇인가?" 나오는 답에 따라 이후 과제가 달라질 것이다. "온라인 출판을 위한 새로운 비즈니스 모델을 개발하고 싶다" "기술이 열악한 지역에 교육 서비스를 제공하고 싶다" 또는 "청정에너지를 논하는 자리에서 목소리를 내고 싶다" 등의 답을 예상할 수 있다.

과제를 정하면 상대방의 관심을 끌어내거나 접점을 찾음으로써 열망을 구체화할 수 있다. 상대가 "저도 청정에너지에 관심이 많은데, 혹시 청정에너지 투자 회사인 모자이크Mosaic라고 아세요?"라고 말할지 누가 알겠는가. 당신의 관심사가 잠재적 기업 혹은 파트너의 관심사와 일치하는 순간 상승효과를 가져다줄 것이다. 물론 당신의 면접 담당자가 제품 책임자를 원할 수도 있겠지만, 기술이 열악한 지역에 교육 서비스를 제공하고 싶은 당신의 열망을 알게 되지 않겠는가?

당신이 정한 과제가 명확할수록 변화하는 시장에 철저히 적응하고 새로운 기회를 끌어당겨 성공 가능성을 가늠할 수 있다.

열정적으로 새로운 기술을 탐구하라

당신이 오늘 활용하는 기술은 내일이면 쓸모없어질지 모른다. 살면서 '평생 스포츠'라는 말을 들어 봤을 것이다. 골프, 테니스, 수영처럼 7세부터 일흔까지 평생에 걸쳐 즐길 수 있는 스포츠를 의미한다. 잡지 《와이어드》의 공동 창립자인 케빈 켈리는 최근 평생 스포츠에 기술의 개념을 넣어 의미를 확장시켰고 누구나 배워야 할 '생활 기술Techno Life Skills'이라는 개념을 탄생시켰다.

켈리는 이렇게 말했다. "당신이 지금 학생이라면 미래에 어른이 돼서 이용할 과학 기술은 아직 세상에 없을 것이다. 그러므로 지금 제일 절실한 것은 특정 기술의 습득이 아니라 인생 전반에 걸친 생활 기술의 습득이다."[9]

스카이프로 면접을 보든, 다정다감한 트위터용 제2의 캐릭터를 만들든, 전자책을 출간하는 법을 배우든, 새로운 업무 관리 어플리케이션을 실험하든 우리는 사적으로나 공적으로 우리 삶에 도움이 될 새로운 기술을 시험하는 데 능숙해져야 한다. 때로는 일상으로 스며든 새로운 기술이 낯설 수도 있다. 그래도 괜찮다. 단지 과정일 뿐이고, 과정을 통해 깨닫는 부분이 있다면 그걸로 충분하다.

다른 사람 돕는 습관을 가져라

우리는 살면서 타인의 도움을 받아야 하는 순간이 있다는 것을 안다. 리더십 전문가이자 민족지학자인 사이먼 사이넥은 99U 학회에서 열띤 연설을 펼쳤다. "인간은 모든 것을 잘할 수 없습니다. 남의 도움 없이 우리끼리만 잘살 수 없죠." 사이넥은 인류의 생존을 위해서도, 창의적 개인을 위해서도 인간관계를 잘 맺는 능력이 핵심이라고 언급했다. 관계를 잘 맺기 위한 첫 번째 비결은 서로 협력하는 것이다.

혼돈과 불확실의 시대에 관대한 행위는 "내가 네 등을 긁어줄게. 너도 내 등을 긁어 줘"처럼 1대 1로만 일어나는 것은 아니다. 그래서도 안 되고. 친구, 동료, 내 편을 돕는 것을 습관화하고 아무런 대가도 바라지 마라. 어떻게 그럴 수 있는지 의아하겠지만 내가 베푼 덕은 언젠가 돌아온다.

자기 역량을 주도적으로 어필하라

직장 상사가 부하 직원을 관리하는 시대는 끝났다. 요즘 시대에 내 사회생활을 신경 쓰는 사람은 나 말고 아무도 없다. 그리고 솔직히 본인 직장 생활을 다른 사람의 관심에 기댈 필요가 있을까? 《뉴욕타임스》의 칼럼니스트이자 베스트셀러 작가인 토머스 프리드먼은 칼럼을 통해 이렇게 밝혔다. "요즘 고용주들이 원하는 직원은 따로 있다. 과학 기술이 할 수 없는 가치 창출이 가능한 비판적 사고의 소유자, 그리고 급변하는 시장에서 독창성, 적응력, 재창조가 가능한 인물이다."[10]

요즘은 굽실거리며 상사의 비위를 잘 맞추고 사칙을 잘 지켰다고 해서 전에 없던 좋은 기회를 얻는 시대가 아니다. 좀 더 도전적이고 막중한 임무를 맡고 싶다면 상사나 의뢰인을 설득하는 것은 당신의 몫이다. 그 일을 위해 필요한 작업, 기발한 아이디어의 근거, 당신이 적임자인 이유, 그리고 모두에게 돌아갈 이점을 당당하게 어필하라. 창의성과 실행력으로 일을 주도하고 열정과 성공적인 비즈니스 모델을 지원군으로 삼아라.

행운이 굴러들어 올 여지를 만들어라

카페에서의 우연한 만남이 첫 비즈니스 파트너로 이어질 수도 있고, 친구의 친구가 운명의 멘토를 소개해 줄 수도 있다. 블로그에 올린 글이 작가의 길로 안내할지도 모른다. 우리가 운이 좋아서 생긴 일이라고 치부해 버리는 우연한 기회는 다양한 형태로 일어난다. 마치 통제가 불가능한 일처럼 말이다.

하지만 행운은 불가사의한 힘이 아니라 개인의 특성에 따른 구체적 결과물이다. 운이 좋은 사람은 정말 존재하며 운은 키울 수 있다. 다음은 스탠퍼드 테크놀로지 벤처 프로그램Stanford

Technology Ventures Program의 상임 이사인 티나 실리그의 명저 《스무 살에 알았더라면 좋았을 것들》에서 따온 구절이다(이 책의 4장에 티나 실리그의 인터뷰가 실려 있다).

> 운이 좋은 사람들은 불쑥 나타나는 기회를 활용할 줄 안다. 자율 주행 자동차를 탄 것처럼 삶을 관통하는 것이 아니라 주변에도 눈을 돌리며 살아간다. 따라서 매 순간의 가치를 발견할 줄 안다. 또한 운 좋은 사람들은 뜻밖의 기회에 개방적 태도를 보이며 해 보지 않았던 일도 과감하게 시도한다. 생소한 주제의 책도 선뜻 집어 들고 낯선 지역을 여행하는 것도 즐기며 자신과 결이 다른 사람과도 교류한다.[11]

정리하면 행운아들은 열린 사고를 가지고 긍정적이고 적극적이며 도전 정신이 뛰어나다. 이런 요소들이 일에 직접적으로 도움이 되긴 하지만 당신 스스로가 의식적으로 돌발 상황에 민첩하고 개방적으로 대처해야 한다. 그런 기회가 나타나면 바로 행동에 돌입하라. 결말은 누구도 알 수 없다.

항상 다음 스텝을 고민하라
질문을 던지지 않으면 답을 얻을 수 없다. 우리는 벼랑 끝에 몰릴 때까지 시간을 질질 끌고서야 이런 질문을 한다. 정리 해고를 당하고 나서야 생계를 걱정하고, 번아웃이 오거나 비참해지고 나서야 이제 무슨 일을 할지 고민한다.

하지만 4년마다 직업을 바꿔야 하는 상황이라면 항상 자문하는 습관을 가져야 한다. "이제 무슨 일을 해야 하지?" 이는 현실과 괴리된 질문이 아니라 열정적으로 자신을 채찍질하고 연마하는 데 도움이 되는 질문이다. 당신이 새롭게 연마하고 싶은 기술은 무엇인가? 멘토로 삼고 싶은 사람은? 직장에서 대형 프로젝트를 맡았다면 무엇이 가장 두려운가?

질문이 없다면 해결책도 없을 것이다.

"

준비된 자에게 기회가 따를 때

행운은 찾아온다.

_세네카Seneca

"

일의 '스위트 스폿'을 찾아라

스콧 벨스키|Scott Belsky

어도비의 커뮤니티 부문 부사장 겸 CPOChief Product Officer, 창작자들을 위한 선도적 온라인 플랫폼 '비핸스'의 공동 창립자 겸 대표. 그는 《패스트컴퍼니》가 선정한 '가장 창의적인 비즈니스 인물 100인'에 이름을 올렸고, 세계적인 베스트셀러 《그들의 생각은 어떻게 실현됐을까》를 펴냈다. 또한 핀터레스트와 우버 등 여러 기업의 투자자이자 자문가이기도 하다.

⌐ www.scottbelsky.com

일에는 두 종류가 있다. 첫째는 의무적으로 하는 일이다. 회사를 다니거나 계약을 맺고 하는 일인데 흔히 마감 시간이 정해져 있다. 둘째는 성격이 아주 다른데 '목적이 뚜렷한' 일이다.

3장 기회와 가능성을 창출시키는 루틴의 힘

우리가 어떤 일에 목적을 갖고 임할 때는 몸을 불사르며 한다. 일에 몰두해 밤을 새우기도 한다. 예를 들어, 고대 선박 모형을 정교하게 재현하는 작업이나 작곡을 하거나 처음 맡은 일에 아이디어를 내야 할 때 우리는 열정을 불태워 일을 해내려고 한다. 목적이 뚜렷한 일을 온 힘을 다해 해야 한다면 아마도 그 일은 당신 내면 깊숙한 곳까지 영향을 끼칠 것이다. 하지만 실제로는 그런 일들을 어떻게 해내는가?

여러 해 동안 나는 각 분야에 지대한 영향을 끼친 창의적 리더와 기업가를 많이 봐 왔다. 그들이 자신의 일을 좋아한다는 점에는 이견이 없을 것이다. 하지만 성공으로 이르는 길에 대해 집요하게 캐물었을 때 그들의 운은 타고난 것이 아니었다. 어려운 과제를 수없이 해낸 것은 물론이거니와 그들이 이룩한 창의적 업적은 흥미, 재능, 그리고 기회라는 3가지 요소가 맞아떨어졌기 때문에 가능했다.

이러한 내용은 독창성이 필요한 프로젝트를 성공으로 이끌 때도 적용된다. 기적 같은 성공은 위의 세 요소가 만나는 '스위트 스폿Sweet Spot'을 발견할 때 탄생한다.

진정으로 흥미로워하는 일을 찾아라

당신은 무슨 일에 끌리는가? 무슨 주제의 독서와 토론을 즐기는가? 신화에 가까운 상당수의 창조적 성공은 특정 분야에 진짜 흥미를 쏟을 때 불꽃이 타올랐다. 영화, 커피, 해외여행 등이 흥미를 쏟는 대표적인 예다. 이들은 대체로 경제적 이득을 보장해 주지는 않는다. 하지만 오히려 이런 분야에 쏟는 애정은 물질적 보상을 능가한다.

돈도 중요하지만 성취를 가장 눈부시게 만드는 동력은 더욱 심오한 지점에서 나온다. 관심이 전혀 없는 일을 할 때 어떤 결과가 펼쳐지는지 궁금한가? 나중으로 미룬 프로젝트나 미숙하게 처리된 업무를 떠올리면 이해하기 쉽다. 퇴근 시간이 되기만을 손꼽아 기다리는 중간 관리자의 표정은 어떤가? 정말 별로일 거다. 흥미 없는 일을 하면서 탁월함에 도달한다는 것은 단식 중인 사람이 마라톤을 뛰는 것이나 마찬가지다. 비범한 성과는 진정한 흥미라는 에너지에서 나온다.

자기 능력과 기술을 파악하라

당신의 타고난 재능은 무엇인가? 수학이나 글쓰기에 재주가 있는가? 인간사에 대한 남다른 통찰이 있는가? 당신이 잘 아는 것, 배우기 수월한 것들을 정리해 목록을 만들어라. 자신의 재능을 잘 파악하면 기회가 왔을 때 그러한 재능을 마음껏 펼칠 수 있을지 가늠하기 쉽다. 물론 재능이 충분조건은 아니다. 하지만 진짜 흥미와 새로운 기회와 한데 어우러지면 타고난 역량은 활짝 꽃피고 성공의 길이 열릴 것이다.

행운과 기회가 넘치는 자리를 찾아가라

성공으로 향하는 세 번째 요소는 기회다. 하지만 안타깝게도 우리는 기회 앞에서 좌절할 때가 많아서 잠재적 기회는 내 것이 아니라고 치부하기도 한다. 물론 누구에게나 똑같이 기회가 따르는 것은 아니다. 우리 사회에는 학연, 인맥, 파벌이 만연하며 대부분의 기회는 전적으로 상황에 따라 달라진다. 기회란 진정한 흥미를 불러일으키는 첫걸음 정도로 생각하는 것이 좋다.

기회는 비약적 도약이라기보다 점차적 전진에 가깝다. 내가 만난 사람들은 대부분 대화를 통해 엄청난 기회의 기반을 다졌다. 개인을 소개하는 자리, 회의장, 사람을 만나는 여러 자리에서 기회가 쏟아졌다. 여러 활동에 참여하면 자연스럽게 운이 들어오는 때가 많아지고, 진짜 관심과 흥미가 있는 곳으로 가까이 갈 확률이 높아진다.

흥미, 재능, 기회가 만나면 벌어지는 일

일과 관련된 선택을 할 때는 당신의 진짜 흥미, 재능, 기회의 교집합을 염두에 둬야 한다.

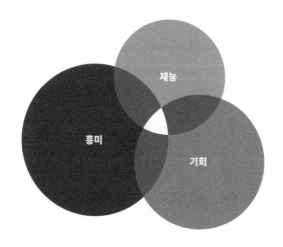

위의 벤 다이어그램을 잘 살펴보자. 3개의 원에는 각각 당신의 진짜 흥미, 재능, 그리고 기회가 들어 있다. 두 원의 교집합으로는 원하는 결과를 가져올 수 없다. 농구를 너무 좋아하고 NBA 스카우트 담당자와 친분을 쌓아도 농구 실력이 형편없다면 아무 소용이 없다. 끊임없이 흥미, 재능, 기회의 교집합을 찾아야 한다.

흥미Interests, 재능Skills, 기회Opportunities의 교집합, 즉 ISO에 해당하는 일을 수행할 때는 당신의 최대치를 끌어낼 수 있는 지점까지 들어가야 한다. 그래야만 취미 삼아 하던 일이 강한 잠재력과 만나 천직으로 바뀔 수 있다. 망설임 없이 확신에 차서 일할 수 있고, 단기적 보수와 사회적 인정을 초월해 일할 수 있다. 이때 마법 같은 순간이 펼쳐진다.

당신이 리더라면 동료와 팀원이 자신들의 ISO에서 일할 수 있게 지원해야 한다. 전설적인 경영인들은 직원들의 흥미와 재능을 파악하려 애쓰고 둘의 교집합에 해당하는 기회를 지속적으로 마련해 주었다. 세상을 바꾸고 싶은가? 당신이 아는 모든 이를 그들의 ISO 안으로 밀어 넣어라. 훌륭한 멘토는 상대의 진짜 흥미와 재능을 알아차리고 그들 주변의 사소한 기회까지 활용할 줄 안다. 일에 관해서라면 반드시 ISO에 주목해 의사 결정을 해야 한다.

목적이 뚜렷한 일은 사회를 전진시키는 힘이다. 나와 우리 모두를 위해 실천하라.

"기회와 가능성을
창출시키는 루틴의 힘" 사용법

열정보다 실력이다

열정은 선언이 아니라 하나의 작업 방식이다. 자신이 좋아하는 생활 방식과 작업 방식을 영위하기 위해서는 귀하고 가치 있는 실력을 키워라. 그러면 당신은 눈에 띌 것이다.

계획을 위한 계획을 세워라

유연하게 계획하라. 필요하다면 일의 구심점이 될 만한 것을 준비하라. 항상 플랜 A와 B, 그리고 플랜 Z를 예비로 마련해 둬라.

현실에 안주하지 마라

습관적으로 현 상황을 깨려고 노력하라. 현재 상태가 너무 익숙해졌다면 다른 방식을 시도할 때다.

일 자체에서 의미를 찾아라

원대한 과제 수행을 목표로 지금 하는 일, 가고 있는 방향을 고민하라. 직함은 닫힌 목표지만 과제는 성장을 동반하는 열린 목표다.

행운은 마음먹기 나름이다

낯선 환경을 자주 경험하라. 기회를 잡으려면 개방적이고 적극적인 태도를 지녀라. 행운은 행운을 찾는 이에게 다가온다.

뚜렷한 목적을 가지고 일하라

진정한 흥미, 재능, 기회의 교집합에서 최대 상승효과를 얻으려면 일을 세분화하라.

대담하고 효율적인
모험을 돕는 루틴의 힘

영리하게 도전하고 효율적으로 모험하는 방법

현재 상태만 고수해서는 탁월함에 도달할 수 없다. 전에 없던 특별한 결과를 바라난다면 위험 감수는 습관처럼 익숙한 작업 목록의 일부가 되어야 한다. 하지만 불확실성을 꺼리고 안전을 좋아하는 우리 뇌 때문에 이런 말을 하기는 쉽지만 행동으로 옮기기는 어렵다. 우리는 위험에 대해 떠올릴 때 실패를 먼저 생각한다. 그리고 실패할 것을 생각하면 겁부터 난다. 겁을 먹으면 우리 뇌는 거기서 빨리 빠져나오라고 신호를 보낸다.

위험에서 도망치려는 본능을 어떻게 극복할 수 있을까? 이번 장에서는 실패를 두려워하는 과학적 원인을 알아보고, 어마어마한 실패에도 불구하고 끈기와 반복적인 루틴이 어떻게 긍정적인 결과를 끌어내는지 살펴볼 것이다. 또한 실패를 두고 자책할 것이 아니라 귀중한 참고 자료로 삼는 법도 배울 것이다.

결과가 어떻든 긍정적으로 생각해 보면 우리는 위험을 통해 행동하고 배우고 성장한다. 그리고 그렇게 내일을 맞이하면 위험에 더 대담하게 맞설 수 있다.

심리적 면역 체계와 회복력을 가동시켜라

마이클 슈월비 Michael Schwalbe

노스캐롤라이나주립대학교 사회학과 교수. 금융업계에 10년 이상 종사했으며 여러 기업 및 비정부 기구의 조직 발전 및 재정 분석 고문으로 일하고 있다. 99U, 오픈 포럼OPEN Forum 등 다수 매체에 기고하고 있으며 저서로 《야바위 게임》 등이 있다.

⤢ www.michaelschwalbe.com

1976년 6월 28일 저녁, 지난 몇 주간 친구들 앞에서 리허설을 마친 22세의 제리 사인펠드는 뉴욕의 코미디 클럽 캐치어라이징스타Catch a Rising Star의 무대에 올랐다. 스탠드 업 코미디언으로서 첫 공연이었다. 사인펠드는 마이크를 잡고 청중을 바라보는 순간 몸이 얼어 버렸다. 간신히 입을 뗐을 때에야 비로소 준비했던 주제가 떠올랐다. 그는 숨도 쉬지 않고 줄줄 말을 잇고는 황급히 무대를 빠져나왔다. 1분 30초짜리 공연이었다. 훗날 사인펠드는 처음 스포트라이트를 받은 순간을 이렇게 회상했다. "입이 안 떨어졌어요. 너무 긴장해서 온몸이 굳어 버렸죠."[12]

사인펠드가 겪은 호된 시련은 우리 주위에서도 흔히 일어나는 일이다. 연구자들은 우리가 실패를 두려워할수록 성공과 멀어진다는 수많은 증거를 제시한다. 캘리포니아공과대학교의 신경 과학자들이 실시한 최근 연구에 따르면 큰 상금이 걸린 컴퓨터 게임 대회에서 참가자들은 패배를 걱정할수록 게임을 더못 한 것으로 드러났다.[13]

또 과학계는 이러한 두려움이 비생산적일 뿐 아니라 과장된 것이라고 주장했다. 인간은 실패의 고통이나 자신의 시련을 바라보는 타인의 부정적인 시선을 과대평가한다는 것이다. 그 이유를 밝히기 위해 왜 복권에 당첨되는 것이 생각만큼 좋은 일이 아닌지를 먼저 들여다보자.

행복과 절망은 결코 영원하지 않다

영화 〈매트릭스〉의 등장인물인 모피어스가 파란 약과 빨간 약을 내미는 장면을 상상해 보라. 파란 약을 먹으면 200만 달러 짜리 복권에 당첨되고 빨간 약을 먹으면 불구의 몸으로 휠체어 위에서 여생을 살아야 한다. 사람들은 당연히 파란 약을 선택할 것이고 다음 날 은행에서 거금을 찾고는 행복해할 것이다. 반신불수가 되는 것보다 더 우울한 상황은 생각도 못 할 것이다. 어떤 사람은 장애인의 삶이 가치 없다고 여길지 모른다. 하지만 그들의 생각은 틀렸다.[14]

복권 당첨자와 사고 피해자(사지 마비 환자 18명과 하반신 마비 환자 11명 포함)에 관한 유명한 연구를 보면 복권에 당첨되거나 사고를 당한 뒤 1년 안에 당사자들에게 이상한 일이 벌어졌다. 복권 당첨자의 만족도는 복권에 당첨되지 않은 대조군과 같은 수준으로 떨어졌다. 더불어 놀라운 것은 사고 피해자의 만족도는 평균 이상으로 높아졌다는 점이다. 그리고 하버드대학교가 발표한 최근 연구를 보면 시간이 갈수록 불구의 환자들은 복권 당첨자 못지않게 삶에 만족했다.[15] 어떻게 이런 일이 가능할까?

핵심은 일어나지 '않았던' 일에 있다. 복권 당첨처럼 높은 수준의 행운은 지속되지 않는다. 마찬가지로 불구가 된 절망감도 계속 이어지는 것은 아니다. 복권 당첨자와 신체 불구자 모두 심리학자 조너선 하이트가 명명한 '적응 원리Adaptation

Principle'를 경험했다.[16] 우리는 복권 당첨자나 신체 불구자를 '달라진' 모습으로만 판단하고 그들의 '본질'에는 그다지 관심을 가지지 않는다.

인간은 새로운 상황에 빠르게 순응한다. 참신함은 생각보다 빠르게 사라진다. 당신이 복권에 당첨됐다고 상상해 보자. 거금을 어디에 쓸지 기분 좋은 상상만 할 것이다. 거금을 보고 달려드는 사람들, 돈 관리의 어려움, 가족을 포함한 인간관계의 낯선 부담감(전에 없던 부담감 때문에 복권 당첨자들은 서로의 어려움을 이해하며 의지처가 되어 준다) 등 끊임없이 고민거리가 생기는 것은 예상하지 못한다.[17] 불구 환자가 전에는 당연시했던 것들에 얼마나 감사함을 느끼는지 또한 우리는 생각하지 못한다. 불구가 되면 가장 기본적인 것들부터 다시 익혀 가며 자신이 나아지는 모습을 보게 된다. 그리고 그 발전에 큰 만족을 느낀다.

실패의 고통을 과대평가하는 심리학적 이유

삶의 조건이 중요하지 않다는 말이 아니다. 고통스러운 변화는 누구든 싫어하고 행복의 기준선은 언제든 바뀔 수 있다. 우리는 작은 시련에 부딪히거나 척수 손상 같은 엄청난 트라우마를 겪을 때 이에 반응하는 감정의 강도와 지속 기간을 종종 오판한다는 것이 핵심이다. 결국 우리는 생각보다 더 잘, 더 빨리 원래 모습을 되찾는다. 심리학자 대니얼 길버트와 티모시 윌슨은 이를 '충격 편향Impact Bias'이라 부른다. 이들의 연구에 따르면 사람들은 시험, 면접에서 떨어지거나 직장에서 쫓겨나는 등의 사건에서 오는 부정적 충격을 한결같이 과대평가했다.[18] 그리고 그런 실패의 고통을 실제보다 더 아프고 오래 느끼기 때문에 실패를 더욱 두려워하게 된다.

길버트와 윌슨은 충격 편향을 설명하기 위해 2가지 현상을 강조했다. 첫째는 면역성을 등한시하는 현상이다. 몸을 위협하는 것들과 싸우는 신체의 면역 체계처럼 우리는 정신 건강을 위협하는 것들과 싸우는 심리적 면역 체계도 갖고 있다. 우리는 절망 속에서도 한 줄기 희망을 발견하고 자신의 행동을 합리화하며 시련에서도 의미를 찾는다. 하지만 이러한 심리적 면역 체계가 얼마나 효과적인지 절감하지 못한다. 거대한 무의식의 세계에서 일어나는 일이기 때문이다.[19] 우리는 위험을 무릅쓰고 뭔가에 도전할 때 기대에 못 미치는 결과를 얼마나 자신에게 유리하게 재구성하는지 잘 모른다. 한마디로 우리는 우리의 회복력을 과소평가한다.

둘째는 초점 주의 때문이다. 길버트와 윌슨에 따르면 우리는 실패라는 생각에 잠길 때 초점이 되는 사건, 즉 실패만 너무 부각한다. 반면 우리를 살아가게 해 주고 기분이 나아지게 해 주는 단편적 일상들은 간과하는 경향이 있다.[20] 실패의 위협은 너무 생생해서 주의를 온통 빼앗아 버린다. 이런 현상은 부분적으로 일어난다. 우리가 현재를 인식할 때 쓰는 뇌의 부분이 미래를 상상할 때 쓰는 부분과 같기 때문이다. 새로운 사업이 실패할까 봐 두려울 때, 투자자에게 실망을 안겨 면목 없고 걱정될 때, 동료가 어떻게 생각할지 불안할 때는 가까운 미래에 있을 도전이나 매일 발생하는 일상의 즐거움을 느끼기 어렵다.

또한 우리는 상대가 나를 얼마나 가혹하게 평가할지 지나치게 신경 쓴다. 연구자 토머스 길로비치Thomas Gilovich와 케네스 사비츠키Kenneth Savitsky는 이를 조명 효과Spotlight Effect라고 명명했다. 지능 검사에서 형편없는 점수가 나왔거나 동료들 앞에서 가수 겸 영화배우 배리 매닐로우의 우스꽝스러운 티셔츠를 입어야 하는 등 난처한 상황과 관련된 다수의 실험에서 참가자들은 자신의 행동을 다른 사람이 얼마나 안 좋게 볼지 자주 오판했다.[21] 우리는 다른 사람들이 우리의 결점을 굉장히 신경 쓴다고 생각한다. 하지만 핵심이 되는 주변 요소, 예를 들어 지난날 상대와의 좋았던 기억이나 타인이 얼마나 자기 일에만 집중하는지는 고려하지 않는다.

실패보다 시도조차 하지 않았을 때 더 후회한다

그래도 여전히 궁금할 것이다. 후회라는 쓰라린 고통은 어떻게 설명할 수 있을까? 더 심도 있는 연구에서 길로비치와 동료들은 우리가 이러한 고통의 지속 시간을 잘못 계산한다고 밝혔다. 처음에 고통이 우리를 아프게 하는 것은 맞다. 하지만 우리는 그러한 고통을 생각보다 더 마음 아픈 일로 여긴다. 이때 심리적 면역 체계가 자기 역할을 하면 우리는 문제 상황을 이해하게 된다. 실패는 후회스러운 일을 처리하고 미래의 상황을 나아지게 하는 데 쓸 수 있는 귀중한 피드백을 남긴다.

여러 연구에 따르면 우리가 삶을 돌아볼 때 가장 후회하는 것은 우리가 했던 모험이 아니라 하지 않았던 모험이라고 한다. 사람들이 언급한 수많은 후회 가운데 비행동 후회가 행동 후회보다 2배 정도 많았다. 가장 흔한 후회는 더 열심히 공부하지 않은 것, 더 적극적으로 살지 않은 것, 순간을 즐기지 못한 것이었다. 인생의 말년에 이르렀을 때 사람들이 하지 않았던 일들은 엄청난 절망을 몰고 온다.[22]

우리는 무위의 역설을 지닌 채 살아간다. 한편으로 인간에게는 기본값을 유지하고 대세를 따르려는 본능이 있다. 연구자들은 이를 '현상 유지 편향Status Quo Bias'이라고 부른다.[23] 우리는 안전지대에서 편안을 느끼며, 거기서는 후회의 고통을 느끼지 않아도 된다. 하지만 그러면서도 안일한 태도와 도전하지 않았음을 후회한다.

도전보다 도전하지 않는 것을 더 두려워하라

제리 사인펠드는 초기의 대실패를 극복하는 데 몇 달이 걸렸다. 그는 1976년 여름, 타임스 스퀘어에 있는 허름한 술집인 골든라이언펍Golden Lion Pub의 무대에 섰다. 두 번째 공연이었지만 또다시 심하게 긴장했고 개그를 자연스럽게 잇는 것도 깜빡했다. 그는 숨도 쉬지 않은 채 말을 쏟아냈고 그렇게 마무리했다. 하지만 제리는 도시 곳곳을 누비며 설 수 있는 무대에는 다 올라갔다. 점점 무대가 익숙해졌고 나중에는 새로 문을 연 코믹스트립클럽Comic Strip Club에서 보수를 받고 공연 진행도 맡았다. 다시 돌아간 캐치어라이징스타에서는 고정 출연하게 되었다.

고생고생해서 개그를 갈고닦아 유명해진 그는 5년 뒤 1981년 5월 7일에 〈자니 카슨의 투나잇 쇼〉에 처음 출연하게 되었다. 몇 년 뒤에는 지방 순회공연까지 마쳤고, HBO 스페셜에 나왔으며, 1989년에는 '사인펠드'라는 시트콤의 파일럿 프로그램에도 출연했다. 이 프로그램은 재방송만으로 27억 달러를 벌어들였고 역대 미국에서 가장 사랑받는 TV 시트콤으로 자리 잡았다.

사인펠드가 첫 공연을 망치고 용기 내서 다시 무대에 서지 않았다면, 위에 언급한 어떤 일도 일어나지 않았을 것이다. 순간의 절망을 두려워하고 이에 굴복하는 것은 근시안적인 생각이다. 궁극적으로 우리는 실패 자체에 대한 두려움이 아니라 행동하지 않음에서 오는 두려움을 동력으로 삼아 나아가야 한다.

"

질서는 제자리를 지켜 주지만,
무질서는 탐험하게 한다.

_스티븐 존슨Steven Johnson

"

내가 기꺼이 위험을
감수하는 이유

존 캐델 John Caddell

업무와 관련된 실패담을 공유하는 웹사이트 '더미스테이크뱅크The Mistake Bank'의 책임자. IT 기업에서 25년 이상 임원으로 근무하고 있다. 그의 저서 《더미스테이크뱅크》는 아마존에서 구할 수 있다.

↗ www.mistakebank.com

고대 지구는 무시무시하고 끔찍한 곳이었다. 포식 동물, 화재, 적군, 홍수 등 생명을 위협하는 위험 요소가 곳곳에 널려 있어 인간은 기지를 발휘해 살아가야 했다. 어떻게 보면 미지의 세계를 밝히기 위해 신을 숭배하고 신화를 지어내며 위해로부터 몸을 지키려 한 것은 당연한 일인지도 모른다. 수천 년이 흐른 지금, 인간의 학습과 발명 덕분에 세상은 훨씬 안전해졌다. 하지만 우리는 여전히 위험을 꺼리는 선조의 본성을 그대로 간직하고 있다.

우리는 흔히 아무런 정보 없이 결정해야 하는 상황에 놓이면 "일단 두고 보자"는 입장을 취하고는 일을 그르친다. 이는 위험한 상황을 미루거나 온전히 피하려는 방식으로 지나치게 몸을 사리는 행동이다. 우리는 큰 실수도 결국에는 성공으로 탈바꿈할 수 있다는 사실을 잊어버린다. 그러므로 우리가 취해야 할 올바른 태도는 위험을 기꺼이 받아들이는 것이다.

도전하지 않으면 달콤한 열매도 없다

위험을 감수해야 할지 가늠할 때 우리는 초기 단계에 빠질 수 있는 함정만 생각하기 쉽다. 기회를 잡아 성공이 실현된 모습은 잘 상상하지 못한다. 하지만 도전하지 않으면 궁극의 이익을 얻을 수 없다. 열린 마음으로 큰 그림을 볼 줄 알며 결정의 장애물들은 결국 넘어설 수 있다는 것을 알아야 한다.

코카콜라의 이전 회장인 도널드 키오Donald Keough는 1989년 베를린 장벽이 무너지고 독일 경영 팀이 동독으로 사업을 확장할 계획을 발표했을 때, 이 함정에 맞닥뜨렸다. 책정된 예산이 너무 높다고 판단한 키오는 경영 팀의 제안을 거부했다. 경영 팀은 계획이 즉석에서 거부당하자 불만을 터뜨렸고 의견 철회를 요구했다. 경영 팀장은 키오에게 진지하게 재검토할 것을 촉구했다. "당신은 동독의 잠재력을 알지 못합니다. 동독에 가 본 적도 없고요. 생각도 해 보지 않고 단번에 거절하다니. 어마어마한 기회가 될 수도 있는데 말이죠. 최소한 논의라도 해 봐야죠. 이 사안을 좀 더 얘기해 봅시다. 일단 나와 동독으로 가서 현장을 돌아봅시다. 자, 이제 결정을 하시죠." 키오는 결국 경영 팀과 동독으로 가서 직접 동독을 경험했다. 출장을 마치고 돌아온 키오는 이렇게 말했다. "마음이 완전히 바뀌었소. 모두 모였으니, 시야가 좁고 내 의견만 고집했던 점을 사과드립니다. 우리는 동독에 갔을 때 몇몇 공장을 사들이기로 했습니다."[24]

코카콜라의 동독 진출이 순탄하기만 한 것은 아니었다. 하지만 무궁무진한 기회, 성공을 향한 굳은 결의, 좌절과 시련을 딛고 일어서는 힘이 있었기에 해낼 수 있었다. 급속도로 성장한 동독은 코카콜라의 수익성 좋은 시장이 되었다.

자기 운명을 스스로 개척하는 방법

우리에게는 위험에 맞서 싸울 힘이 없는 것이 아니다. 어떤 판단이 선 뒤에는 성공 확률을 높이는 방향으로 영향력이 발휘된다. 이것이 바로 운명을 움직이게끔 만드는 힘, 동력이다.

훗날 명예의 전당에 오른 미식축구 쿼터백 페이턴 매닝은 인디애나폴리스 콜츠에서 열네 시즌을 마치고 나왔을 때 이제 소속 팀이 없다는 사실을 절감했다. 선수 생활을 하면서 처음으로 소속 팀을 직접 찾아야 했다. 그는 샌프란시스코 포타나이너스, 애리조나 카디널스 외 몇몇 팀의 시험을 거친 뒤 댄버 브롱코스와 3년 계약을 맺었다. 매닝은 당시의 선택에 대해 이렇게 밝혔다.

결정을 내리기까지 너무 힘들었다. 한때는 모두 들어가고 싶던 팀들이었는데 그중에서 한 팀을 골라야 했다. 하지만 과거에 했던 선택처럼 성공을 위한 결정을 내렸고 뒤돌아보지 않았다. 이제는 그 결정을 옳은 결정으로 만드는 일만 남았다. 내 결정이 틀리지 않았다는 것을 증명하려면 열심히 뛰어야 한다.

매닝은 운명을 자신이 통제할 수 없는 힘으로 보지 않았고 색다른 견해를 펼쳤다. 고된 훈련을 거쳐 자신의 결정이 옳았음을 입증하겠다는 의지를 보인 것이다. 이처럼 동력에 대한 인식은 원하는 성과를 달성하는 데 훌륭한 자산이 된다. 설령 실패하더라도 의심의 여지없이 최선의 노력을 기울인 뒤에 실패한 것이 된다.

포기란 없다. 끈질기게 매달려라

"사람들은 포기하는 순간, 그 실패가 얼마나 성공에 근접했는지 알지 못한다." 토머스 에디슨은 이렇게 말했다. 이러한 현상을 직접 눈으로 확인할 수는 없지만, 뮤지컬 〈스파이더맨〉의 제작자들을 통해 알아보자.

2011년 2월 7일, 《뉴욕타임스》의 평론가 벤 브랜틀리Ben Brantley는 시사회를 마치고 이렇게 썼다. "〈스파이더맨〉은 브로드웨이 역사상 제작비가 제일 많이 들어간 뮤지컬인 동시에 최악의 뮤지컬로 남을 것이다. 여러 의미로 깨지고 부서져서 회복이 힘들 정도다." 그의 신랄한 비평은 몇몇 배우의 추락 사고와 더불어 뮤지컬에 닥친 대참사 중 하나였다. 서평과 함께 실린 사진 속 스파이더맨은 안전장치가 고장 나 관객들 머리 위에 무력하게 매달려 있었다.

제작자인 제러마이아 해리스Jeremiah Harris와 마이클 콜Michael Cohl은 서둘러 뮤지컬을 내릴 수도 있었다. 혹평에 시달린 공연이 밟는 통상적 절차였다. 하지만 이와 반대로 둘은 동력을 발휘했고 기회를 파악했으며 공연에 따라붙는 골치 아픈 일들에 대해 끈기 있게 대처했다.

해리스와 콜은 공연을 잠정 중단했다. 둘은 관객에게 피드백을 구하고 이를 반영해 대본을 수정했다. 작곡가로 참여한 U2의 보노와 디 에지the Edge가 새로 가사를 썼다. 제작자들은 기록적인 제작비 6000만 달러 외에 공연을 개선하려고 자금을 더 마련했다. 이렇게 〈스파이더맨: 턴오프더다크Spider Man: Turn Off the Dark〉는 2011년 6월 14일에 다시 관객 앞에 섰다. 공연을 재개하며 콜은 이렇게 말했다. "나쁜 소식은 이 공연이 엄청나게 비싼 공연이라는 것이고, 좋은 소식은 우리는 멈추지 않을 것이며 이 공연을 성공시킬 거라는 점이에요. 그러면 된 거죠." 몇 달 지나지 않아 〈스파이더맨〉은 브로드웨이 역대 최고 흥행작이 되었고 1년 뒤에도 그 열기는 식지 않았다. 전 영부인 미셸 오바마와 딸들을 포함해 수많은 사람이 뮤지컬을 관람했다. 브로드웨이 장기 상연과 성공적인 순회공연도 보장되었다.

우리에게 닥칠 최악의 시나리오는 심한 부상이나 죽음이 아니다. 재정난, 평판의 훼손, 자존감 하락이다. 더욱이 요즘은 사회가 급변하고 불확실성이 증가하면서 치러야 할 대가와 위험도 많아졌다. 역설적이지만 위험은 피하는 것이 우선이다. 하지만 판단을 미루면서 자신을 보호하는 것보다 다가온 위험을 받아들이고 원하는 결과로 몰고 가는 것이 낫지 않을까?

"

사는 동안 최고의 위험은
지나치게 조심하는 것이다.

_알프레드 아들러Alfred Adler

"

실수의 파도 위에서 서핑하기

티나 실리그 Tina Seelig

스탠퍼드대학교 공과대학 경영과학공학과 교수이자 스탠퍼드 테크놀로지 벤처 프로그램의 이사. 창의성과 기업가 정신의 최고 권위자로 '스탠퍼드의 빌 게이츠'라는 별명을 가지고 있다. 2009년, 교육계의 노벨상이라 불리는 미국 공학한림원의 고든상을 수상했다. 저서로 《스무 살에 알았더라면 좋았을 것들》《시작하기 전에 알았더라면 좋았을 것들》《인지니어스》가 있다.

✍ Follow her on Twitter at @tseelig

기업가, 교수, 신경 과학자이자 스탠퍼드 테크놀로지 벤처 프로그램의 이사인 티나 실리그는 위험 감수에 대한 사고 체계를 파악하는 데 독보적 위치를 차지하고 있다. 실리그는 10년 이

상 스탠퍼드대학교의 인기 강의 주제인 혁신에 관해 가르쳤다. 강의에서 실리그는 '위험의 특성'을 이해하고 색다른 문제 해결 접근법을 떠올리게 만드는 기발한 창의성 훈련에 학생들을 참여시켰다. 우리는 위험을 보는 관점을 재조정하는 방법과 실패가 위대한 성취의 전신이 되는 이유에 대해 실리그와 이야기를 나눴다.

Q. 실패에 대비하는 방법이 있을까요?

창의적 시도에 시간을 투자하는 사람들은 실패를 창작의 자연스러운 과정으로 보고 이에 대비합니다. 한 예로 팜컴퓨팅Palm Computing, 핸드스프링Handspring, 누멘타Numenta의 창업자인 제프 호킨스는 일이 너무 순조롭게 돌아가면 불안해했어요. 분명 안 좋은 일이 눈앞에 도사리고 있다는 것을 알았기 때문이죠. 그가 핸드스프링을 운영할 때의 일이에요. 신세품 PDA인 '비저Visor'의 출시를 앞두고 모든 일이 술술 굴러갔어요.

하지만 제프는 팀원들에게 방심하지 말라며 경고했고 실제로 안 좋은 일이 터졌죠. 제품 출시 며칠 만에 10만 개를 배에 실었어요. 어마어마한 양이었죠. 하지만 결제와 배송 시스템이 완전히 무너져서 주문한 물건을 못 받은 고객도 있었고 주문량보다 3~4배 더 받은 사람도 있었어요. 좋은 이미지를 쌓아야 할 신생 기업에게 치명적인 대참사가 벌어진 거죠.

Q. 정말 악몽 같은 날이었겠네요. 그래서 어떻게 했나요?

제프와 팀원들은 고객들에게 일일이 전화를 돌리며 본격적으로 문제 해결에 나섰어요. 주문한 내용, 제품 수령 여부, 청구된 내용이 맞는지를 고객에게 물었지요. 만약 조금이라도 문제가 있다면 즉시 바로잡았어요. 여기서 핵심은 제프는 문제가 생길 거라는 걸 알았다는 거예요. 정확히 어떤 문제인지는 몰랐지만 무슨 일이라도 생기면 수습할 준비를 하고 있었죠. 제프는 이번 경험을 통해 문제는 피할 수 없고, 그러니 성공의 핵심은 총알을 피하는 게 아니라 빠른 회복력이라는 걸 배웠어요.

Q. 그렇다면 실패가 흔한 일인가요? 과연 막을 수는 없을까요?

우리 삶 속에는 크고 작은 실패들이 가득해요. 중요한 것은 실패의 경험을 귀한 자료를 남기는 실험으로 생각하고 다음에는 다르게 시도하는 법을 배우는 거죠. 성공한 사람들의 마음속은 콘크리트가 아니라 고무로 되어 있어요. 그들은 실패를 경험하면 바닥을 치고 무너져 내리고는 다시 튀어 올라오죠. 충격 에너지를 이용해 자신을 새로운 기회로 몰고 가요.

가장 좋은 예가 제트블루항공JetBlue을 설립한 데이비드 닐

먼David Neeleman이에요. 데이비드는 처음에 모리스에어Morris Air라는 항공사를 만들었죠. 그는 모리스에어를 크게 키워 사우스웨스트항공에 1억 3000만 달러에 팔았어요. 그러고는 사우스웨스트항공에 직원으로 들어갔죠. 하지만 다섯 달 만에 해고됐어요. 데이비드 말에 따르면 뼈 빠지게 일했는데 비참한 신세가 된 거죠. 그는 말도 안 되는 일이 벌어졌다고 생각했어요. 계약서상에는 데이비드가 5년간 항공사를 설립할 수 없다는 경쟁 금지 조항이 포함되어 있었어요. 평생 손 놓고 있으란 말과 같았죠.

충격에서 헤어 나올 때쯤 데이비드는 다시 항공사를 만들 준비를 해야겠다고 마음먹었어요. 그는 기업 가치, 더할 나위 없는 고객 경험, 상세한 직원 교육법과 처우는 물론 고용할 직원의 유형까지 기업 전반에 걸친 세부 사항들을 곰곰이 생각했어요. 데이비드는 식상에서 잘리고 다른 항공사를 차릴 때까지 기다려야 했던 시간이 알고 보면 자신에게 주어진 최고의 순간이었다고 말합니다. 경쟁 금지 기간이 끝났을 때 그는 사업을 시작할 만반의 준비가 된 상태였죠. 데이비드는 어쩌면 비참할 수 있는 상황을 최대 생산성과 창조력을 내는 시기로 발전시킨 거예요.

Q. 그런 유형의 사람들이 다른 사람들보다 모험을 더 잘하나요?

새로운 일을 시도하려면 기꺼이 위험을 감수하려는 의지가 있어야 해요. 하지만 위험 감수를 두고 당신이 모험가인지 아닌지, 이렇게 이분법적으로 나눌 수는 없어요. 다른 유형과 달리 특정 모험을 편하게 받아들이는 사람도 있고, 상당히 꺼리는 사람도 있어요. 꺼리는 사람들은 그런 모험을 무가치하게 치부하고 불안을 부풀리는 경향이 있죠.

예를 들어 쏜살같은 속도로 스키 타기를 즐기거나 비행기에서 뛰어내리거나 심지어 이런 활동을 위험하다고 생각하지 않는 사람들도 있어요. 또는 공개 강의를 즐기거나 감당하기 버거운 지적 도전을 즐기는 사람들도 있죠. 첫째 유형은 육체적 모험에 끌리는 사람들이고 둘째는 사회적 모험, 셋째는 지적 모험에 매료되는 사람들이죠.

모험에는 기본적으로 5가지 유형이 있어요. 신체적, 사회적, 정서적, 경제적, 그리고 지적 모험이죠. 나는 사람들에게 자신이 즐기는 위험의 특성을 그려 보라고 권해요. 이것을 조금만 살펴봐도 자신이 기꺼이 감수하려는 모험이 어느 유형인지 알 수 있죠. 그리고 위험 감수가 획일적이지 않다는 걸 금세 깨닫게 돼요.

Q. 어떻게 하면 위험 특성의 균형을 유지할 수 있을까요? 그리고 꼭 균형을 맞춰야 할까요?

당신의 위험 특성을 바꿀 필요는 없어요. 거리낌 없이 받아들이는 위험과 주저하고 피하게 되는 모험 유형을 파악하고 추구하는 것만으로 충분해요. 이 내용을 잘 알고 있으면 여러 위험 특성을 가진 팀원들로 상호 보완적인 팀을 꾸릴 수 있어요. 그러면 각자 자신만의 위험 특성에 걸맞은 도전을 하며 능력을 펼칠 수 있죠.

더불어 다른 사람의 위험 특성이 무엇인지도 물어보세요. 그들 행동의 원인과 팀에 기여하는 방식을 파악하는 귀한 자료가 될 거예요.

Q. 실패를 편하게 받아들이는 방법은 무엇인가요?

나는 학생들에게 실패 이력서를 써 보라고 권해요. 개인적, 직업적, 학문적으로 처참하게 망했던 일들을 간략하게 써서 이력서로 만드는 거죠. 단, 각각의 실패에서 자신이 깨달은 내용을 써야 해요.

이력서에 성과만 나열했던 학생들이 이 과제를 하면서 얼마나 당황했을지 한번 상상해 보세요. 하지만 이력서를 다 쓴 학생들은 실패의 렌즈로 경험을 바라볼 수 있어요. 그렇게 실수

를 끌어안을 수 있고, 자신의 노력이 얼마나 효과를 거뒀는지
판단할 수 있는 방대한 참고 자료가 되죠.

"

개선된 시행착오는

똑똑하고 완벽한 계획을 능가한다.

_데이비드 켈리David Kelley

"

불확실성 곡선의
마법을 누려라

조너선 필즈 Jonathan Fields

작가이자 사업가. 블로그 '조너선필즈닷컴JonathanFields.com'에 글을 올리며,
'굿라이프프로젝트닷컴GoodLifeProject.com'과 책 마케팅 교육 벤처 '트라이
블어서닷컴TribalAuthor.com'을 운영한다. 그의 저서 《불확실성Uncertainty》은
2011년 '800-CEO-READ'가 선정한 최고의 자기 계발서로 꼽혔다.

⟐www.goodlifeproject.com

책을 쓰는 일부터 신생 회사의 상표를 디자인하는 일까지 모
든 독창적 시도는 일반적으로 알려진 '불확실성 곡선Uncertainty
Curve'을 따른다. 프로젝트를 처음 시작할 때는 최대한 자유롭
고 제약이 거의 없는 상태에서 일의 윤곽이 정해진다. 불확실성

이 제일 높을 때다. 모든 선택과 방법, 아이디어, 변화, 방향 들이 회의 테이블에 올라올 수 있다. 동시에 이때는 최종 결과가 어떨지 아무도 장담하지 못한다. 때로는 결과물이 나올지조차 알 수 없다. 이것이 바로 불확실성이 최고조일 때의 양상이다.

시간이 지나면서 창작자나 창작 집단은 행동에 돌입한다. 종이, 디지털 화면, 화폭, 사업을 무대로 온갖 터무니없는 아이디어들을 마구 생각해 낸다. 이런저런 시도를 통해 잘 풀릴 일과 그렇지 않을 일을 파악한다. 자료와 경험은 직관과 맹신을 밀어낸다. 통제는 자유를 대신하고, 엄청난 불확실성을 가져온 변수와 가능성은 사실로 자리를 잡는다. 자리 잡은 사실은 작업의 결과물과 성공 여부에 확실성을 한층 더 부여한다. 과감한 시도와 그에 따른 결과는 형태를 갖추기 시작한다.

일의 진행 과정에서 일어나는 충돌은 피하기 어렵다. 다수의 잠재적 오류를 내새한 아이디어는 창작자를 시작 단계로 돌려보내고 전보다 자유롭지만 불확실한 상태로 밀어 넣는다.

마침내 수많은 시도를 거쳐 실행 단계가 끝났다. 책은 완성됐고 상표 디자인은 마무리됐다. 기업은 활동을 시작한다. 적어도 이 단계에서 체계와 형태가 온전히 자리 잡았기 때문에 자유는 없는 것이나 마찬가지다. 불확실성은 확실성으로 대체되었다. 이제 당신은 확실성이 어떤 모습인지, 확실성을 이룰 수 있을지 감이 올 것이다.

모든 가능성을 열어 두면 훨씬 수월해진다

아래의 그래프는 불확실성 곡선의 움직임을 보여 준다. 하지만 당신의 재능을 죽이고 살리는 데 곡선의 이동 속도는 크게 관련이 없다. 곡선이 너무 느리게 움직이면 결과물은 나오지 않는다. 작업이 타성에 젖게 되면 정체기를 겪거나 속도가 더 느려져 가치 있는 결과를 내기도 전에 그간의 노력은 물거품이 된다. 모두 이런 상황을 겪어 봤을 것이다. 확신하기 어렵지만, 곡선이 아주 빠르게 움직이면 결과물이 빨리 나오기는 한다. 하지만 결국 오랜 시간 작업에 힘을 쏟았던 때보다 훨씬 질 낮은 결과물을 얻게 된다.

심리학자 리처드 와이즈먼은 이와 관련해 흥미로운 실험을

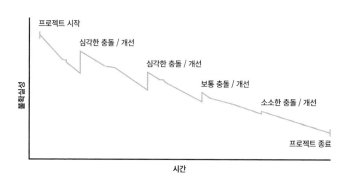

했다. 그는 실험 참가자들을 자신이 운이 좋다고 여기는 집단과 나쁘다고 여기는 집단으로 나눴다. 사람들에게 각각 신문을 나눠 줬고 신문에 있는 사진이 몇 개인지 세어 보라고 주문했다. 운이 나쁜 집단은 대답하는 데 대략 2분이 걸렸다. 반면 운이 좋은 집단은 약 2초가 걸렸다. 두 집단 모두 사진 개수를 정확히 맞혔다. 어떻게 된 일일까?

알고 보니 신문에 비밀이 숨어 있었다. 신문 1면 안쪽, 접힌 선 위에 5센티미터 크기의 블록체로 이런 메시지가 있었다. "안 세어도 됩니다. 이 신문에는 사진 43개가 있어요." 자신을 운이 나쁘다고 생각하는 사람들은 과제에만 몰두해서 더 큰 선물을 못 보고 지나친 것이다. 반면 운이 좋다고 생각하는 사람들은 딱딱한 지시 사항 외에 과제를 더 수월하게 해결해 줄지 모르는 모든 가능성을 열어 두었다.

불확실성을 창의력의 연료로 삼아라

비슷한 일은 창작 과정에서도 나타난다. 어떤 아이디어를 악착같이 물고 늘어지는 사람들은 이른 시기에 그 아이디어를 실현할 수도 있다. 그것도 아주 빠르게. 하지만 그 과정에서 뜻밖의 수많은 기회와 선택, 대안, 방법을 놓치고 지나간다. 목표에만 몰두하는 일차원적 집중에서 이런 것들은 제거되고 반反창의적이고 불확실한 상태로 돌아간다. 물론 아이디어 생산량 측면에서는 비교가 쉬울 것이다.

창작자는 진귀한 아이디어와 통찰이 떠오를 때까지 커다란 질문의 그늘 속에서 충분히 머물러야 한다. 처음에는 빤히 들여다보이는 아이디어의 흐름을 타며 그 자리를 지켜야 한다. 다음에는 뭔가 휘몰아치는 듯한 단계에 들어선다. 그러고는 아이디어가 번뜩인다. 쉽게 경험할 수 있는 일은 아니다. 보통은 잠재력이 꽃피기 직전에 포기하고, 철회하고, 그럭저럭 쓸 만한 결과에 만족한다.

그렇다면 '왜?'라는 커다란 물음이 생긴다. 왜 사람들은 불확실성 곡선을 따라 너무 느리게 혹은 너무 빠르게 움직여서 프로젝트를 망치거나 수준 이하의 결과물을 내는 것일까? 부분적으로는 현실적 측면에 답이 있다. 팀의 역학 관계, 실행의 결함 또는 역기능 때문이다. 하지만 더 중요한 해답은 창작 과정 중 창작자의 뇌에서 벌어지는 일 때문이다.

대개 사람들은 불확실한 상태를 견디기 힘들어한다. 불확실한 상황을 마주하면 괴롭고 두려우며 초조하고 미심쩍어한다. 그러한 감정들과 공존해야 할 때, 엎친 데 덮친 공포를 느낄 때, 불확실성에 맞서 행동해야 할 때 우리는 움찔한다. 뇌에서 공포를 담당하는 편도체가 활성화해 몸으로 화학 물질을 전달

하면 몸과 마음이 불편해진다. 한마디로 질서가 무너진다.

탁월해지기 위한 3가지 불확실성 활용법

창작이 무에서 유를 추구하는 작업이라는 것은 누구나 안다. 하지만 우리의 상태가 좋지 않으면 그간 했던 노력에 가장 합당한 판단을 하는 것이 아니라 고통스러운 불확실성을 빨리 벗어나는 쪽으로 판단을 내린다. 이것은 정체와 무력화로 이어지는 퇴보를 의미하기도 하고, 얼른 결론을 내 버리려는 성급한 버둥거림을 의미하기도 한다. 어느 쪽이든 최종 결과는 쓸모없거나, 우리의 진정한 잠재력에 훨씬 못 미치게 된다.

그렇다면 잠재력이 꽃필 때까지 불확실성의 그늘에서 어떻게 살아남을 수 있을까? 3가지 방법이 있다.

첫째, 단순히 작업 과정에 따른 심리 상태를 이해하는 것만으로도, 자유에서 제약으로 넘어가는 속도를 더 의식할 수 있다.

둘째, 불확실성을 가능성이라는 관점에서 보면, 위의 질문 자체가 달라진다. 100퍼센트의 확실성과 완벽한 자료가 있다고 해도 진정한 혁신, 수준 높은 예술 작품, 새로운 디자인, 학문 성과가 창조되리라 장담하기는 어렵다. 어떤 일을 시작하기 전에 유일하게 확신할 수 있는 것이라고는 당신이 추구하는 그 일이 세상에 이미 존재하는지 여부뿐이기 때문이다. 만약 세상에 이미 존재한다면, 당신이 하려는 일은 '창조'가 아니라 '복제'다. 그건 우리가 일하는 목적과는 어긋난다. 우리의 모험을 가능성이라는 관점에서 바라본다면, 불확실성에 맞서 실천을 이어 갈 때 두근거림을 느낄 수 있을 것이다. 다만 이런 두근거림은 당신이 그 일을 해내려 애쓰고 있다는 노력의 증거 정도로만 여기는 게 좋다.

셋째, 불확실성 곡선의 적정 속도를 알려 주는 공식은 없다. 그것은 프로젝트에 따라 다르고 개인 고유의 자원과 내적, 외적 제약에 크게 영향을 받는다. 더욱 중요한 것은 그러한 자원과 제약을 분명히 밝히고 실행의 동력이 되는 마음가짐, 작업 흐름, 주변 상황 그리고 생활 방식을 잘 가꿔야 한다는 것이다. 그리고 도달하고픈 역량의 기준치를 높여라. 창조의 적은 '불확실성'이 아니라 '타성'이기 때문이다.

불확실성은 고통스럽다.
하지만 확실성은 우스꽝스럽다.

_볼테르Voltaire

작은 승부수로 성공 확률 높이기

프란스 요한손 Frans Johansson

혁신 전략 기업 메디치그룹The Medici Group의 창립자. 메디치그룹은 불확실한 세상에서 새로운 분야의 개척을 꿈꾸며 기업, 비정부 기구, 여러 정부를 대상으로 컨설팅하고 있다. 저서로《메디치 효과》《클릭 모먼트》가 있다.

☞ www.themedicigroup.com

1907년 어느 여름날, 피카소는 일생일대의 역작으로 남을 〈아비뇽의 처녀들〉을 완성했다. 피카소는 이전과 다른 화풍을 선보였고, 5명의 창녀가 관객을 응시하며 풍기는 도발적인 분위기는 그야말로 사람들의 관심을 불러일으켰다. 이 작품은 역사상 모더니즘의 시초로 평가받는다.

2009년 12월 10일, 로비오 엔터테인먼트는 앵그리버드 게임의 아이폰 버전을 출시했다. 그것은 몇몇 유럽 국가에서 1위를 차지하더니 미국의 게임 시장까지 빠르게 강타하며 캐주얼 게임 시장의 판도를 바꾸었다. 2년도 안 되어 10억 회에 달하는 다운로드 수를 기록하며 역사상 가장 대중적인 게임이 되었다.

2008년 3월, 베서니 프랭클Bethenny Frankel이라는 젊은 여성은 새로운 리얼리티 쇼 〈뉴욕의 진짜 주부들The Real Housewives of New York City〉에 합류했다. 방송 출연을 계기로 그녀가 만든 칵테일 '스키니걸 마르가리타Skinnygirl Margarita'가 세간의 주목을 받았다. 제품은 순식간에 유행하며 살 안 찌고 밤을 즐기려는 여성들 사이에서 엄청난 돌풍을 일으켰다. 그녀는 훗날 그 브랜드를 6400만 달러에 팔았다.

그렇다면 피카소, 로비오, 프랭클의 공통점은 무엇일까? 언뜻 보기에는 공통점이 없다. 하지만 조금 더 깊이 들어가면 디자인, 사업, 획기적 일의 성공에 가장 근본적인 진리를 찾을 수 있다. 한마디로 말하면, 이들이 발전시킨 아이디어 중 어느 것도 성공이라는 문제를 푸는 엄청난 열쇠는 없었다는 것이다. 실제로 이들이 차곡차곡 쌓아 올린 성공은 의외의 기회를 포착하고 미지의 결과에 승부수를 던진 덕분이었다. 달리 표현하면,

4장 대담하고 효율적인 모험을 돕는 루틴의 힘

성공은 생각보다 우연적이고 임의적이다.

1만 시간보다 빨리 성공하고 싶다면

어쩌면 이것을 의외라고 느낄지 모르겠다. 우리는 성공한 사람이나 기업은 성공의 암호를 풀었다고 생각하는 경향이 있다. 그리고 그들의 성공담을 다시 이야기하면서 어떻게 하면 그들의 방식을 좇을 수 있는지 파악하려 한다. 로비오를 예로 들어 보자. 앵그리버드를 만든 그 핀란드 회사는 굉장한 게임을 개발했고 마케팅 전략도 기가 막히게 잘 구상했다. 드넓은 미국 시장을 먼저 공략한 것이 아니라 그리스와 체코처럼 작은 유럽 시장을 주목했다. 비교적 유럽 시장은 다운로드 횟수가 아주 적었기 때문에 로비오는 게임 시장에서 1위를 차지하기 훨씬 쉬울 것이라고 판단했다. 작은 승리를 거머쥔 로비오는 영국으로 눈을 돌렸다. 영국에서 앵그리버드는 출시 직후 거의 하룻밤 만에 1위 자리를 차지했다. 그 후 로비오는 미국을 공략할 충분한 동력을 얻었다고 판단했다.

이 이야기 속 로비오는 게임 개발이나 마케팅 전략 면에서 성공의 비결을 꿰뚫고 있는 듯하다. 하지만 그렇다 하더라도 로비오가 앵그리버드 출시까지 8년을 기다릴 수 있었던 이유는 무엇일까? 그것은 그 게임을 출시하기 전 오랜 세월 동안 경험을 쌓은 덕분이었다. 앵그리버드는 로비오의 52번째 게임이다. 이전의 게임들은 앵그리버드가 이룬 성공에 조금도 미치지 못했다. 하지만 앵그리버드 게임 하나로 로비오는 파산을 면했고 일정 기간의 독점 판매권을 딸 수 있었다. 그리고 앵그리버드의 성공으로 로비오는 10억 달러의 가치를 갖게 됐다.

성공은 바로 다음 행동을 파악하는 것보다 의외의 발견, 임의성과 훨씬 깊은 관련이 있는 것으로 밝혀졌다. 체스나 테니스, 골프처럼 규칙이 거의 바뀌지 않는 세상에서는 아주 소수의 사람만이 변화를 일으킨다. 그런 세상에서 우위에 서려면 나만의 방식을 가져야 한다. 힘들게 반복되는 일을 해내면 뿌듯함을 느낀다. 당신이 해야 할 일, 즉 대개 1만 시간 이상을 쏟아부으며 여러 힘든 일을 해내고 남들보다 뛰어나야 한다는 것을 정확히 알기 때문이다. 그러나 말콤 글래드웰에 의해 잘 알려진 이른바 1만 시간의 법칙은 어떤 경우에는 적용되지 않는다. 리드 헤이스팅스나 리처드 브랜슨은 자신들의 분야에서 선두가 될 때까지 1만 시간의 노력을 기울이지 않았다.

그뿐 아니라 지극히 평범한 운으로 눈부시고 위대한 성공을 이어 가는 사람과 조직도 있다. 반면 개중에 대단해 보이는 CEO나 잘나가는 영화감독은 실망스럽고, 성공한 기업가들은 투자자들의 기대에 못 미친다. 때때로 그들은 뜻밖의 이유로

4장 대담하고 효율적인 모험을 돕는 루틴의 힘

성공에서 실패의 자리로 떨어진다. 영화감독 우디 앨런이 좋은 예다. 혁신적인 인물도 그런 경우가 있다. 트위터의 공동 창립자인 에반 윌리엄스는 처음에는 블로거Blogger를 만들어 크게 성공했다. 그 후 오데오Odeo라는 팟캐스팅 회사를 세웠는데 그다지 잘되지 않았다. 하지만 바로 뒤이어 트위터를 탄생시켰다. 인정하기 어렵겠지만 이들 사례를 보면 성공은 훨씬 더 임의적이고 우연적이라는 것을 알 수 있다. 그러면 궁금할 것이다. 도대체 우리는 어떻게 해야 성공할 수 있을까?

도전은 곧 자신에게 성공 기회를 주는 일

틀림없이 성공할 만한 일을 예측하기 어렵다면 꾸준히, 반복해서 계속 시도해 봐야 한다. 많이 시도할수록 성공적인 디자인, 신생 기업, 예술품이 탄생할 확률이 높다. 역사상 가장 성공한 혁신가들을 살펴보면 경이로울 정도로 생산적이었다. 그들은 시도하고, 시도하고 또 시도했다. 파블로 피카소는 평생 5만~10만 점 사이의 예술 작품을 창작했다. 피카소는 어느 작품이 〈아비뇽의 처녀들〉처럼 걸작이 될지 판단하는 능력이 없었다. 대신 위대한 성공을 이루기 위해 몇 번이고 다시 주사위를 던지며 자신을 단련시켰다. 전 세계 지하 창고에는 그의 수많은 그림이 먼지를 뒤집어쓰고 있다. 여기에는 그럴 만한 이유가 있다. 그 그림들은 실패작이었다. 피카소는 자신의 작품 중 어느 작품이 이름을 날리고 어느 작품이 재활용될지 확실히 예상할 수 없었다. 현실적으로 그는 자신이 만든 작품 중 1퍼센트에 승부를 걸었다. 결과적으로 수많은 작품 덕분에 성공의 날을 예리하게 세울 수 있었다.

베서니 프랭클의 경우도 마찬가지다. 사람들은 리얼리티 쇼에 비친 그녀의 모습이 성공을 위해 공들인 수많은 승부수 중 하나라는 것을 알지 못한다. 사실 베서니도 승부수를 던질 때마다 대부분 먹힐 것 같다고 생각했지만, 어느 승부수가 정말 효과를 나타낼지는 몰랐다. 하지만 그녀는 이것저것 할 수 있는 것은 다 시도했다. 처음에는 파티를 기획하는 회사를 차렸고 뒤이어 파시미나Pashmina 수입 사업을 했고, 실패로 돌아간 건강 식품점도 차렸다. 그 후에는 건강에 좋다는 빵집을 차리고, 도널드 트럼프의 인기 리얼리티 쇼인 〈어프렌티스The Apprentice〉에 참가 신청을 했다가 탈락했다. 하지만 얼마 지나지 않아 마사 스튜어트가 진행한 불운의 프로그램 〈어프렌티스: 마사 스튜어트The Apprentice: Martha Stewart〉에 출연 기회를 잡았고, 고객 맞춤식 사업을 시작할 수 있었다. 베서니는 건강 잡지 《헬스Health》에 칼럼도 썼는데 이를 통해 과자 브랜드 '페퍼리지 팜Pepperidge Farm'이 대중에게 널리 알려졌다. 8번의 승

4장 대담하고 효율적인 모험을 돕는 루틴의 힘

부수를 던진 결과 베서니는 케이블 채널 브라보Brovo의 신규 리얼리티 쇼인 〈뉴욕의 진짜 주부들〉에 출연할 수 있었다. 이 프로그램에서 '스키니걸'이라는 칵테일을 선보일 수 있었고 덕분에 6400만 달러를 벌어들였다.

다시 말해서 베서니는 성공하기 위해 자신에게 많은 기회를 주었다. 갈수록 예측이 힘든 세상에서 우리는 수많은 승부수를 던짐으로써 임의적 확률에 유리한 영향을 미쳐야 한다.

꾸준히 반복해서 작은 승부수를 던져라

성공 확률을 높이기 위해 승부수를 많이 던질 때 그 승부수가 너무 거창하면 감당하기 버거울 수 있다. 원대한 승부수가 실패로 돌아가면 다음 기회는 오지 않을 수도 있다. 자원이 바닥났기 때문이다. 안타깝게도 우리는 돈이나 자원이 더 많으면 성공 확률이 높아질 것이라고 생각한다. 하지만 현실에서는 그렇지 않다.

애플은 1980년대 후반부터 1990년대 초반까지 손바닥만 한 크기의 컴퓨터 기기, 뉴턴Newton을 개발하는 데 5억 달러를 썼다. 하지만 결과는 처참했다. 한편 팜컴퓨팅이 300만 달러를 들여 개발한 팜파일럿PalmPilot은 1990년대에 가장 불티나게 팔린 컴퓨터 기기가 되었다. 애플은 돈을 많이 들여도 차별화를 이루지 못한 것이다. 왜 그랬을까? 팜파일럿은 팜컴퓨팅이 제대로 시도한 두 번째 도전이었다. 처음에는 주머Zoomer라는 최악의 기기를 만드는 데 400만 달러를 썼다. 다시 도전하려면 충분한 돈이 필요했다. 반면 애플은 고작 딱 한 번 시도했을 뿐이다.

자원을 한정해 승부수를 던지는 것을 기업가 피터 심스Peter Sims는 '작은 승부수'라고 불렀다. 이렇게 하면 우리는 더 많은 승부수를 던질 수 있다. 잉베 베르크비스트Yngve Bergqvist가 스웨덴 북부 유카스야르비Jukkasjarvi에 아이스 호텔을 만들자 전 세계는 깜짝 놀랐다. 이 호텔은 벽, 천장, 침대, 식탁 할 것 없이 모든 게 얼음으로 만들어졌다. 우리는 대부분 그런 아이디어를 떠올리는 것조차 어려워한다. 설령 생각해 낸다 해도 미친 짓이라며 단념할 것이다. 베르크비스트도 처음부터 단번에 아이스 호텔을 생각해 낸 것은 아니다. 여러 작은 아이디어를 떠올렸고 한 발 한 발 가다 보니 아이스 호텔까지 다다른 것이다.

처음에 그는 일본에서 얼음 조각품들을 공수해 와서 소규모 얼음 전시회를 열었다. 그리고 이는 뜻밖의 관심으로 이어졌고, 이듬해 겨울에는 아예 얼음으로 지은 건물 내부에서 전시회를 열었다. 그다음 해에는 얼음 바Bar와 얼음 스크린을 둔 영화 상영관 등 흥미로운 전시물을 선보였다. 이때 어느 배낭여행객 무리가 베르크비스트에게 기꺼이 요금을 지불할 테니 얼음 침대에서 자 보고 싶다고 요청하기도 했다. 이런 생각을 누가 상상이나 했을까? 그렇게 이듬해 겨울, 세계 최초로 아이스 호텔이 오픈했다. 아이스 호텔은 자신의 자원을 몇 번이고 거듭 활용해 도전한 직접적인 결과물이다.

세상은 임의적이고 예측하기 어렵다. 가장 바람직한 다음 행보를 정확히 파악하기란 불가능하다는 의미다. 하지만 도전과 실행을 꾸준히 반복하여 다음 행보를 예상해 볼 수는 있다. 그러니 결실을 보기 전까지 승부수를 모두 걸지는 마라.

"대담하고 효율적인 모험을 돕는 루틴의 힘" 사용법

인간의 회복력을 믿어라

실패할 때를 의식하라. 우리는 생각보다 새로운 상황에 훨씬 빨리 적응한다.
실패에도 한 줄기 희망은 있다.

후회하지 않으려면 행동하라

실패 자체를 두려워하지 말고 행동의 실패를 두려워하라. 사람들이 가장 크게
후회하는 것은 한 일이 아니라 하지 않은 일들이다.

모든 승부수를 던지지 마라

초기에 일이나 아이디어를 테스트할 때는 작은 승부수들을 걸어라. 성과가 어
떨지 예측하기란 어렵다. 그러니 작은 승부수들을 걸면 위험에 노출되는 것을
제한할 수 있다.

실패는 훌륭한 참고 자료다

실패는 자기 노력이 얼마나 효과를 거뒀는지 판단하는 데 귀중한 참고 자료
가 된다는 점에서 가치 있다. 실패의 과정에서 배우는 것이 있다면 그것은 실
패가 아니다.

불확실성으로 뛰어들어라

거대한 질문의 그늘에 머무르는 것을 두려워하지 마라. 불확실성과 모호성은
모험과 창작 과정의 필수 요소다.

자신만의 동력을 이용하라

모험을 성공으로 이끄는 나만의 동력을 이용하라. 어떤 상황이라도 거듭할 수
있는 끈기와 독창성이 있다면 개선할 수 있다.

더 나은 자신을 향한
여정에는 끝이 없다

잭 쳉 Jack Cheng

작가 겸 디자이너. 스타트업과 디자인 스튜디오를 창업하기도 했다. 직장 생활과 작가 생활을 병행하며, 2013년 킥스타터를 통해 첫 소설《요즈음These Days》을 펴냈다. 이 책이 좋은 반응을 얻어 곧바로 두 번째 소설을 계약해《우주에서 만나요》를 펴냈다.《우주에서 만나요》는 전 세계 30여 개국에 번역 · 출간되었다.

⤵ www.jackcheng.com

누군가 당신 책상 앞에 앉아 있다. 어디서 본 것 같은 느낌이다. 멀리서 보면 이 사람은 당신과 놀랄 만큼 닮았다. 체격, 얼굴, 이목구비까지 굉장히 흡사하다. 하지만 가까이서 보면 미묘한 차이가 느껴진다. 그 사람은 더 건강하게 먹는 것 같고 운동도 자주하는 것 같다. 자세도 좀 더 똑바르고 옷에는 주름도 별로 없다. 이 사람은 '더 나은 당신'이다.

'더 나은 당신'은 당신이 아는 것들을 똑같이 알고 있다. 그 사람은 당신이 이룬 성공도, 당신이 한 실수도 똑같이 했다. 당신이 원하는 가치를 동일하게 추구하며 당신이 움츠러드는 바로 그 나쁜 버릇과 잘못된 루틴 앞에서 그 사람도 머뭇거린다. '더 나은 당신'도 해야 할 일을 차일피일 미루며 완벽하지 않다. 하지만 당신과 '더 나은 당신' 사이에는 차이가 있다. '더 나은 당신'은 행동이 좀 더 빠르고 의지력이 더 강하다. 추구하는 가치를 더 자주 실행에 옮기고 나쁜 행동은 덜 하려고 한다. 게으름을 피우다가도 좀 더 빨리 고삐를 조인다. 할 일을 좀 일찍 시작하고 쉬어야 할 때를 더 빨리 알아챈다.

당신이 아는 것처럼 '더 나은 당신'도 좋아하는 일을 하는 것은 힘들지만 보람이 있다는 것을 안다. 그 사람도 초반의 어려움이 일의 가치를 더한다는 것을 알고 있다. 모든 일이 수월하다면 의미 있는 일은 하나도 없다는 것, 일을 잘하려고 굳이 색다른 비유를 빌리거나 책을 읽을 필요가 없다는 것을 그도 안다.

더 나은 당신이 이끄는 대로 가라

'더 나은 당신'은 당신의 믿을 만한 가능성이다. 믿을 만한 가능성은 언제라도 발휘되는 당신의 잠재력이다. 지금 이 순간에도 그 사람은 당신의 마음속 깊은 곳에 존재할지 모른다. 믿을 만한 가능성은 당신이 지각하는 능력의 벼랑 끝에 매달려 있다. 무섭고 고통스럽지만 무력함을 느낄 정도는 아니다. 믿을 만한 가능성은 단지 아주 많이 힘겨울 뿐이다. 우리는 저마다 믿을 만한 가능성을 갖고 있다. 이소룡의 믿을 만한 가능성은 세상에서 가장 위험한 남자였고, 무하마드 알리의 믿을 만한 가능성은 역대 최고의 권투 선수였다. 당신의 믿을 만한 가능성은 패기가 덜할 수도 있다. 하지만 당신의 믿을 만한 가능성이 무엇인지는 당신만이 안다.

'더 나은 당신'은 하나의 모습으로 고정되어 있지 않다. '더 나은 당신'은 당신 행동에 따라 얼마든지 새롭게 태어나고 죽는다. 순간의 행동은 일련의 기회들을 새로 만들어 낸다. '더 나은 당신'은 확고히 정해진 과거가 아니라 역동적으로 바뀌는 현재다. '더 나은 당신'과 당신 자신을 비교하고 평가하는 것은 단순히 어제의 당신을 이겼느냐의 문제가 아니다. 당신은 지금 이 순간 최고의 당신을 따라잡기 위해 온 힘을 다해야 한다.

'더 나은 당신'은 당신이 자기 쪽으로 오기를 바란다. '더 나은 당신'은 무리에서 떨어져 나와 헤매다가 먹잇감을 발견하는 개미다. '더 나은 당신'은 길을 알고 있다. 그래서 이렇게 말한다. "나를 따라와." 당신은 눈앞에 먹이가 보이지 않아도 흔적을 따라가다 보면 먹이가 나온다는 것을 안다. '더 나은 당신'은 당신을 절대 나쁜 길로 유인하지 않는다. 그러니 흔적을 따라가면 된다. 책상 앞에 앉아 도구를 들어라. 키보드, 마우스, 노트북, 펜, 팔레트, 붓, 그게 무엇이든 상관없다. 그리고 당신만의 길을 떠나라.

더 나은 당신은 언제나 당신 가까이에 있다

'더 나은 당신'과 만난다고 해도 그와 똑같이 발맞추어 나가기란 힘든 일이다. 그 사람은 책상 앞에 앉아 일하고 글을 쓰고 그림을 그린다. 당신도 똑같은 책상 앞에 앉아 일하고 글을 쓰고 그림을 그린다. 당신과 '더 나은 당신'은 같은 물리적 공간과 정신적 공간을 쓰고 있다. 하지만 당신은 눈앞에 닥친 일을 처리하느라 바쁘다. '더 나은 당신'이 몰두하는 일이 당신이 해야 할 일이다. 그 일을 할 때 당신은 비로소 온전하게 '더 나은 당신'이 될 수 있다.

'더 나은 당신'과 발맞추는 순간의 즐거움은 발맞추는 횟수를 늘리고, 그럴수록 흥미로운 일이 벌어진다. 당신은 다른 사람이 눈에 들어온다. '더, 더 나은 당신'이다. 이 새로운 '더, 더 나은 당신'은 이전의 '더 나은 당신'이 그랬듯 닿을까 말까 한 거리에 있다. '더 나은 것'의 한계는 없기 때문이다. '더 나은 것'은 개 경주에 참가한 기계 토끼와 같다. '더 나은 것'을 앞으로 달려 나가게 만드는 동력은 모터, 마이크로프로세서, 신비한 힘, 평범한 개의 머리로는 이해할 수 없는 것과 개의 몸으로는 앞지를 수 없는 것들이다.

하지만 당신이 아는 것처럼 '더 나은 당신'도 알고 있다. 경주에는 스릴이, 움직임에는 즐거움이, 닿을 수 없는 것들을 향한 꾸준한 발걸음에는 벅찬 성취감이 따른다는 것을. '더 나은 당신'은 이것이 그동안 걸어온 길이며, 앞으로도 걸어갈 길이라는 것을 알고 있다. 그리고 당신도 알고 있다. 그러므로 더 나은 자신을 찾아 여정을 시작하라.

"

무언가를 시작하려면
말은 멈추고 행동해야 한다.

_월트 디즈니Walt Disney

"

감사의 말

이 책이 나오기까지 애써 준 탁월한 인재들에게 진심으로 감사의 마음을 전한다. 테리사 애머빌, 서니 베이츠, 스콧 벨스키, 엘라 벤 우르, 마이클 번게이 스태니어, 데이비드 버커스, 존 캐델, 벤 카스노차, 잭 쳉, 조너선 필즈, 조슈아 포어, 하이디 그랜트 할버슨, 프란스 요한손, 스티븐 크레이머, 슈테펜 랜다우어, 마크 맥기니스, 칼 뉴포트, 로버트 사피안, 마이클 슈월비, 토니 슈워츠, 티나 실리그, 그리고 스콧 영까지. 이들의 통찰과 전문성이 없었다면 이 책은 세상에 나오지 못했을 것이다. 시간과 에너지, 너그러운 마음을 내어 주어 정말 감사드린다.

이 책을 멋지게 디자인한 비핸스 공동 창립자이자 디자인 팀장이며 친애하는 창의적 동료인 마티아스 코레아의 통찰, 그리고 유능한 디자이너 루윈 브랜든의 탁월한 안목에 깊은 감사를 보낸다.

열정을 다해 편집 방향을 안내해 준 케이티 솔즈베리, 매끄럽게 제작을 이끌어 준 코트니 도슨, 원고에 예리한 의견을 더해 준 99U의 편집장 숀 블랜다, 그리고 가슴 벅찬 지지와 재능과 끈기를 보여 준 비핸스와 아마존 팀 덕분에 이 책이 탄생할 수 있었다.

마지막으로 이 책의 시리즈를 기획하고 구현하는 데 소중한 조언을 아끼지 않은, 무엇보다 나를 믿어 준 스콧 벨스키에게 깊고 깊은 고마움을 표한다. 보다 적극적으로 창의적인 세상을 지향하려는 미션의 일환으로 99U를 이끌게 된 일은 커다란 놀라움과 활력을 동시에 주는 기회였다. 깊이 감사드리며 앞으로도 꾸준히 노력할 것이다.

주

1장

1   Baumeister, Roy F.; Bratslavsky, Ellen; Muraven, Mark; Tice, Dianne M. "Ego Depletion: Is the Active Self a Limited Resource?" *Journal of Personality and Social Psychology* 74, no. 5 (May 1998): 1252-1265.

2   Phillippa Lally, Cornelia H. M. van Jaarsveld, Henry W. W. Potts, Jane Wardle. "How Are Habits Formed: Modelling Habit Formation in the Real World." *European Journal of Social Psychology* 40, no. 6 (Oct 2010): 998-1109.

3   Ivan P. Pavlov, "Conditioned Reflexes: An Investigation of the Physiological Activity of the Cerebral Cortex," *Classics in the History of Psychology*, accessed March 4, 2013, http://psychclassics.yorku.ca/Pavlov.

4   Mueller, C. M. and Dweck, C. S. "Praise for Intelligence Can Undermine Children's Motivation and Performance."

Journal of Personality and Social Psychology 75, no. 1 (1998): 33-52.

2장

5   Kevin Dunbar, "How Scientists Really Reason: Scientific Reasoning in Real-World Laboratories," in *Mechanisms of Insight*, edited by Robert J. Sternberg and Janet Davidson (Cambridge, MA: MIT Press, 1995), 365-395.

6   Brian Uzzi and Jarrett Spiro, "Collaboration and Creativity: The Small World Problem," *American Journal of Sociology* 111, no. 2 (2005): 447-504.

7   John James, The Contractors of Chartres. 2 volumes. (Wyong, Australia: West Grinstead Publishing, 1979-81); John James, *The Master Masons of Chartres* (London, New York, Chartres, and Sydney: West Grinstead Publications, 1990).

8   Roger Coleman, *The Art of Work* (London: Pluto Press, 1988) 15.

3장

9   Kevin Kelly, "Techno Life Skills," *The Technium*, April 28,

2009. http://www.kk.org/thetechnium/archives/2011/04/
techno_life_ski.php.

10 Thomas Friedman, "The Start-Up of You," *New York Times*, July 12, 2011.

11 Tina Seelig, *What I Wish I Knew When I Was 20* (New York: HarperOne, 2009) 122.

4장

12 Jerry Oppenheimer, Seinfeld: *The Making of American Icon* (New York: HarperCollins Publishers, 2002), 116-120; Kathleen Tracy, *Jerry Seinfeld: The Entire Domain* (Toronto: Carol Publishing, 1998) 19-20.

13 V. S. Chib et al., "Neural Mechanisms Underlying Paradoxical Performance for Monetary Incentives Are Driven by Loss Aversion," *Neuron* 74, no. 3 (May 2012): 582-594.

14 K. Gerhart, J. Koziol-McLain, S.R. Lowenstein, G.G. Whiteneck, "Quality of Life Following Spinal Cord Injury: Knowledge and Attitudes of Emergency Care Providers," *Annals of Emergency Medicine* 23 no. 4 (May 1994): 807-812.

15 P. Brichman, D. Coates, and R. Janoff-Bulman, "Lottery

Winners and Accident Victims: Is Happiness Relative?" *Journal of Personality and Social Psychology* 36 no. 8 (1978): 917–927; H. Hayward, *Lottery Winners and Accident Survivors: Happiness Is Relative*. Poster presented at the fourteenth annual meeting of the Society for Personality and Social Psychology, New Orleans (2013).

16　Jonathan Haidt, *The Happiness Hypothesis* (New York: Basic Books, 2006) 82–86.

17　H. R. Kaplan, *Lottery Winners: How They Won and How Winning Changed Their Lives* (New York: Harper and Row, 1978).

18　T. D. Wilson and D. T. Gilbert, "Affective Forecasting," *Advances in Experimental Social Psychology* 35 (2003): 345–411.

19　D. T. Gilbert et al., "Immune Neglect: A Source of Durability Bias in Affective Forecasting," *Journal of Personality and Social Psychology* 75, no. 3 (1998): 617–638.

20　T. D. Wilson et al., "Focalism: A Source of Durability Bias in Affective Forecasting," *Journal of Personality and Social Psychology* 78, no. 5 (2000): 821–836.

21　K. Savitsky, N. Epley, and T. Gilovich, "Do Others Judge Us as Harshly as We Think? Overestimating the Impact of Our failures, Shortcomings, and Mishaps," *Journal of*

Personality and Social Psychology 81, no. 1 (Jul 2001): 44-56; T. Gilovich, V. H. Medvec, and K. Savitsky, "The Spotlight Effect in Social Judgment: An Egocentric Bias in Estimates of the Salience of One's Own Actions and Appearance," *Journal of Personality and Social Psychology* 78, no. 2 (Feb 2000): 211-222.

22   N. J. Roese and A. T. Summerville, "What We Regret Most… and Why," *Personality and Social Psychology Bulletin* 31, no. 9 (Sep 2005): 1273-1285; T. Gilovich, V. H. Medvec, and D. Kahneman, "Varieties of Regret: A Debate and Partial Resolution," *Psychological Review* 105, no. 3 (1998): 602-605; T. Gilovich and V. H. Medvec, "The Experience of Regret: What, When, and Why," *Psychological Review* 102, no. 2 (1995): 379-395.

23   W. Samuelson and R. Zeckhauser, "Status Quo Bias in Decision Making," *Journal of Risk and Uncertainty* 1 (1988): 7-59.

24   Donald R. Keough, "The Ten Commandments of Business Failure," *Portfolio* (2008): 63-64.